若手研究者必携
比較教育学の研究スキル

山内乾史 編著

東信堂

はじめに

　本書は、比較教育学、国際教育協力あるいはその隣接領域を研究しておられる若い方々はもちろん、他の文科系学問領域の若い方々をも想定して執筆されました。後に述べるように、現在の大学院生など若手研究者の方々においては、指導教員の十分な指導を受けられないまま、調査に赴き、学会発表を行い、論文執筆に励む方が少なからず見受けられます。そのような方々は、おそらく必ずリサーチ、プレゼンテーション、ライティングの途上で様々な困難、迷いに直面しておられることと推察します。そういう方々に対する一助となるように本書は企画されました。

　本書は、日本比較教育学会の研究委員会 (2014 学会年度～ 2016 学会年度) が、大会時にラウンドテーブルでのアカデミック・スキルに関する報告を行ってきたものをまとめたものです。本書に執筆されている先生方はこの 3 回の大会で発表している方々を中心としています。

　日本比較教育学会のラウンドテーブルは、若手研究者を対象に開かれていますが、研究委員会の初の試みとして、「若手の研究支援」を目的として 3 回のラウンドテーブルを企画しました。

　私は、2011 学会年度～ 2013 学会年度に紀要編集委員会の委員長と副委員長を経験しましたが、その際に、投稿されてきた論文について、形式審査で不採択になる論文が多いことに気づきました。形式審査とは、査読者が中身の審査に入る前に、書式、字数、注の附け方等の形式を審査するものです。なぜ形式審査で不採択になるものが多いのかを突き詰めると、二つの要因が浮かび上がります。

一方で、旧帝大、旧官立大を中心として、大学院の重点化、部局化が図られ、大学院生数が 30 年前の 2 倍～ 3 倍あるいはそれ以上になったこと、そして教員に関しては研究、教育、管理運営に加えて、諸種の改革等の理由で多忙化が進み、結果として学生、院生の指導に十分手が回らないことです。

　他方で、地方大学や小規模大学を中心に、周囲に教育学、社会学や国際関係論等の近い専門分野の院生がおらず、一人ぼっちで研究を進めている院生も増加していますが、そういった大学では、比較教育学とは距離のある分野の教員が多く、十分に行き届いた指導を受けられないことです。

　全く逆の状況のように見えますが、共通するのは十分な指導を受けられない状況に、少なからぬ若い研究者の「卵たち」が置かれていることです。そういった「卵たち」を支援することを目的として、比較教育学の調査をするとき、口頭発表をするとき、学術論文を執筆するとき、それぞれ注意すべきことについてまとめたのが本書です。なお、巻末に、学会で近年大きな問題になっている研究倫理についての章を加えました。

　本書の執筆者のうち、田中正弘、米原あき、北村友人、中矢礼美、澤野由紀子、武寛子、山内乾史の各会員は研究委員会の委員です（山内が委員長）。

　また、近田政博、西村幹子、乾美紀、原清治、小川啓一の各会員は経験の豊かな中堅～ベテランの方々で、ラウンドテーブルでの報告と本書の執筆に加わっていただきました。

　本書で述べられていることは基礎的なことが中心です。また全 10 章ですから扱い得たことも限られています。幸い、私の後任の研究委員長である森下稔会員（東京海洋大学）が、この「若手の研究支援」を引き継いでくださるとのことですので、続編を出版して、支援を充実してくださることと思います。

　比較教育学ないしはその隣接領域で研究に励んでおられる若い方々が、より良い研究活動を展開されるうえで、本書が役立つのであれば、執筆者一同、これほどうれしいことはありません。

　なお、本書の企画にあたっては、東信堂の下田勝司社長のご理解とご支援

を得ました。心より感謝申し上げます。

平成 30 年 11 月

神戸大学・鶴甲キャンパスの研究室にて

山内乾史

目 次

はじめに ……………………………………………山内乾史　i

第Ⅰ部　比較教育学研究のリサーチ・スキル

第1章　定量的研究のリサーチ・スキル………小川啓一　5
1. はじめに …………………………………………………… 5
2. 基礎的な統計分析スキル ………………………………… 6
3. 応用的な統計分析スキル ………………………………… 8
4. 非実験的研究 …………………………………………… 10
5. 実験的研究 ……………………………………………… 11
6. おわりに ………………………………………………… 15

第2章　定性的研究のリサーチ・スキル……… 原　清治　17
1. はじめに ………………………………………………… 17
2. 量的研究と質的研究 …………………………………… 17
3. 比較教育学研究において質的研究を行う意義 ……… 18
4. 面接法の特徴 …………………………………………… 20
5. おわりに──客観性を保ちつつ、技能を磨く ………24

第3章　エスノグラフィのリサーチ・スキル…中矢礼美　28
1. はじめに ………………………………………………… 28
2. エスノグラフィとは …………………………………… 28
3. 比較教育学研究においてエスノグラフィを用いる意義　29

4. エスノグラフィの特徴——比較教育学研究の場合 …………… 30
   5. おわりに——エスノグラフィへの批判とその克服の試み ……… 37

第Ⅱ部　比較教育学研究のプレゼンテーション・スキル

第4章　定量的研究のプレゼンテーション・スキル…… 米原あき 43
   1. はじめに …………………………………………………………… 43
   2. 誰に対して？——比較教育学において「統計は言語である」 …… 44
   3. 何を？——発表の組み立て ……………………………………… 47
   4. どこまで？——本文とテクニカルノートの違い ………………… 50
   5. おわりに——数値と笑顔で語りかけ、学ぼう …………………… 51

第5章　定性的研究のプレゼンテーション・スキル …… 乾　美紀 54
   1. はじめに …………………………………………………………… 54
   2. 発表の構成をどう考えるか ……………………………………… 54
   3. 情報をどう取捨選択するか ……………………………………… 59
   4. 発表に向けての様々な工夫 ……………………………………… 63
   5. おわりに …………………………………………………………… 66

第6章　英語によるプレゼンテーション・スキル …… 北村友人 68
   1. はじめに——なぜ比較教育学の研究を英語で発表するのか ……… 68
   2. 比較教育研究者にとっての英語 ………………………………… 69
   3. プレゼンテーションに際しての留意点 ………………………… 71
   4. プレゼンテーションをさらなる国際的な研究発信へ繋げる … 75
   5. おわりに——比較教育研究ならではの醍醐味 ………………… 78

第Ⅲ部　比較教育学研究のライティング・スキル

第7章　定量的研究のライティング・スキル……西村幹子　83
1. はじめに …………………………………………………… 83
2. そもそも論文とは何か …………………………………… 83
3. 定量的手法を用いた論文の特徴とは ………………… 86
4. よくある3つの間違い …………………………………… 87
5. おわりに──論文の質を上げるために ……………… 93

第8章　定性的研究のライティング・スキル………近田政博　95
　　　──現地調査型の研究を論文にまとめる
1. はじめに …………………………………………………… 95
2. 現地調査型研究の意義とその難しさ ………………… 95
3. 論文はストーリーで勝負する ………………………… 99
4. おわりに ………………………………………………… 105

第9章　理論研究のライティング・スキル……田中正弘　107
1. はじめに ………………………………………………… 107
2. 理論とは ………………………………………………… 108
3. 高等教育発展段階論 …………………………………… 110
4. 理論研究の論文構成例 ………………………………… 115
5. もう一つの理論研究 …………………………………… 116
6. おわりに ………………………………………………… 117

第Ⅳ部　比較教育学の研究倫理

第10章　比較教育学の研究倫理 … 武寛子・山内乾史・澤野由紀子 121
1. はじめに …………………………………………………… 121
2. 文部科学省のガイドラインと三つの特定不正行為 …… 122
3. 研究倫理と研究指導 ……………………………………… 123
4. 人を対象とする研究における倫理 ……………………… 126
5. 研究成果公表の際の倫理 ………………………………… 129
6. 不適切な研究行為の顛末 ………………………………… 129
7. 日本比較教育学会の倫理綱領 …………………………… 130

索　引 …………………………………………………………… 133

若手研究者必携
比較教育学の研究スキル

第Ⅰ部
比較教育学研究のリサーチ・スキル

第1章　定量的研究のリサーチ・スキル　　　　　　小川啓一

第2章　定性的研究のリサーチ・スキル　　　　　　原　清治

第3章　エスノグラフィのリサーチ・スキル　　　　中矢礼美

第1章　定量的研究のリサーチ・スキル

小川啓一（神戸大学）

1. はじめに

　比較教育・国際教育開発の研究手法として、量的研究（quantitative research）、質的研究（qualitative research）、そして、混合研究（mixed research）の3つが主に挙げられます。量的研究は複数のサンプルからデータを収集して、事象を数量化し統計的に分析する研究手法です。具体的には、リサーチクエスチョンを設定したうえで、量的データとして測定された変数間の関係性などに関する仮説を立て、統計的にその妥当性を検証します。また、母集団を代表しうる多数のサンプルを用いて、母集団にも当てはまるか否かに関する検定を行うことで一般的・普遍的法則性を明らかにする手法です。その一方で、質的研究は、数値データは使わずに被験者が表現した内容に関して、その主観的な意味内容に焦点を当てて、状況や場面、そして被験者自身を含めた文脈の全体性について、解釈的理解を行う研究手法です。近年では、この双方の分析を組み合わせた混合研究が盛んに行われており、私の指導学生の学位論文でも混合研究を手法に取り入れる学生が数多くいます。混合研究では、量的研究、質的研究のそれぞれの利点を最大限に活かして、それぞれの研究手法の限界を克服することにより、一層深い分析を行うことが可能になります。

　本章では、定量的研究のリサーチ・スキルに焦点をあて、比較教育学・国際開発研究に役立つ研究方法について統計的アプローチを用いて説明をします。

2. 基礎的な統計分析スキル

1) 教育へのアクセスに関する分析

　比較教育学研究において量的研究を行う意義は大いにあります。まず、基礎的な教育統計を紹介します。教育へのアクセス状況を測るのに粗就学率や純就学率、粗入学率、純入学率などの指標を用います。1990年にタイのジョムティエンで開催された「万人のための教育 (Education for All: EFA) 世界会議」から2000年にセネガルのダカールで開催されたEFAのレビュー会議までは、就学率がEFAの達成度を測る指標として頻繁に使われました。しかし、2000年以降は、国連ミレニアム開発目標の影響を受けて修了率が教育分野のもっとも重要な指標として使われるようになりました。EFAの達成目標が就学率から修了率に移行したことは開発途上国政府にしてみるとハードルがかなり上がったことになります。例えば、アフリカのマダガスカルを事例としてみると、2000年の初等教育の粗就学率は90パーセントでした。この指標だけを見るとEFA達成までもう少しという印象ですが、同じ年の初等教育の修了率を見ると国全体で26パーセントしかなく、農村部の女子の修了率は11パーセントとかなり低い水準でした。ミレニアム開発目標は、2015年までに修了率を100パーセントとするという達成目標を掲げており、11パーセントから100パーセントまで修了率を上げるのはかなりの努力が必要です。粗就学率の指標では見えなかった問題が、修了率を見ることにより浮かび上がり、教育の状況をより深く理解できます。

2) 教育の内部効率性の分析

　教育の内部効率性の状況を把握する教育統計には、上記で説明をした修了率のほかに、進級率、留年率、退学率、進学率、残存率などがあります。これらの指標を使って教育セクターを包括的に分析することは重要です。私の指導学生の中には、開発途上国教育省から得た教育データを何の疑いもなく学位論文に使っている学生もいます。教育指標がどのように計算されている

かを十分に理解することにより、批判的に指標を扱うことができると思います。例えば、進級率と留年率、退学率を足すと統計的に100パーセントになるはずですが、そうでない教育統計を開発途上国政府が公表しているケースがたまにあります。また、残存率の指標は教育の内部効率性を分析する上で大切ですが、この指標の限界も理解しておく必要があります。例えば、初等学校に入学するべき年齢の人口の50パーセントにあたる児童が入学したとします。この50パーセントにあたる児童全員が初等教育の最終学年まで残存した場合、残存率は100パーセントとなります。しかしこの場合、残存率100パーセントという数字をみてどう思われるでしょうか。

3) 教育の質に関する分析

　教育の質のレベルを測るには、学力調査等を通して収集した生徒の学習達成度に関するデータを用います。国際的な教育比較に使われる有名な学力調査として、OECDによる生徒の学習到達度調査(Programme for International Student Assessment: PISA)や国際数学・理科教育動向調査(Trends in International Mathematics and Science Study: TIMSS)があります。例えば、TIMSSは、国際教育到達度評価学会(International Association for the Evaluation of Educational Achievement: IEA)が、生徒の算数・数学、理科の到達度を国際的な尺度によって測定し、生徒の学習環境等との関係を明らかにするために実施しています。2015年の調査では、初等学校は50か国・地域(約27万人)、中等学校は40か国・地域(約25万人)が参加しており、初等学校における理科習熟度の国別の比較(上位5カ国)を行うと、**表 I-1-1**のような結果が得られます。量的分析結果である表I-1-1からは、日本は625点以上の生徒の割合が、シンガポールや韓国と比較して低いことが読みとれます。また、表I-1-1からは、各国の比較だけでなく国内での比較分析もすることができます。日本の場合、475点未満は、7パーセントしかいませんが、74パーセントの児童が475点以上で625点未満の成績を修めています。これらの分析結果を踏まえて、日本ではいかに625点以上の生徒の割合を増やすか、教育政策へ提言を行う際の重要

表 1-1-1　上位5カ国の理科習熟別の小学校児童生徒の割合 (%)

	625点以上	550点以上	475点以上	400点以上	400点未満
シンガポール	37	34	19	7	3
韓国	29	46	21	4	0
日本	19	44	30	6	1
ロシア	20	42	29	8	1
香港	16	39	33	10	2

出典：TIMSS (2015年)

なポイントとなると考えられるのではないでしょうか。

4) 教育の財政に関する分析

　教育財政を分析する上でも量的分析は欠かせません。例えば、国内総生産 (Gross Domestic Product: GDP) の伸び率によって、教育セクターへの配分が変わります。国家予算の何パーセントが教育セクターに配分されるかによって、その国がどれだけ教育を重要視しているかがわかります。例えば、ウガンダでは、23パーセントの国家予算が教育省に配分されています。教育セクター内では、55パーセントの予算が初等教育サブセクターに配分されており、1997年から実施されている初等教育無償化政策が国家の重要政策として位置付けされていることが、財政の指標をみてもよくわかります。ここからは、ウガンダが掲げる貧困削減戦略と持続的な経済発展を実施しようとする努力が感じとれます。教育の財政分析については、シミュレーション・モデルを使ってマクロ経済の状況や人口統計データ等を詳細に分析することにより、例えば、修了率100パーセントを達成するのにどれくらいの費用が必要かどうかについて計算することができ、教育政策提言に繋げることができます。

3. 応用的な統計分析スキル

　定量的分析手法を使って学位論文を作成する神戸大学大学院国際協力研究

科の学生に、私が指導している内容を紹介します。学生には、研究テーマを設定してから、先行文献レビューをしっかりと行うように指導しています。開発途上国を研究対象国にすることで、国際機関等からの出版物を参考文献リストに数多く記載しますが、アカデミックなジャーナルに掲載された論文をできるだけ多くレビューするように指導をしています。先行文献レビューをしっかりと行うことで、論文のオリジナリティーが明確になりますし、その分野におけるアカデミックな貢献や政策的な貢献も明らかになります。次に、リサーチクエスチョンの設定です。リサーチクエスチョンは論文の中でも、もっとも重要な位置づけになると考えます。リサーチクエスチョンの立て方次第で、その論文の価値が左右されると言っても過言ではないと思います。研究論文の流れとしては、リサーチクエスチョンをもとに研究の分析枠組み（フレームワーク）を作成します。この分析枠組みも、先行文献レビューをもとに作成します。分析枠組みができれば、それをもとに仮説を設定します。この時に注意すべき点は、リサーチギャップ（問題提起）、リサーチクエスチョン、研究目的、研究意義、研究の分析枠組み、仮説の間の一貫性を保つことです。

　定量的研究では、仮説をもとにモデルを設定します。そしてそのモデルを使って仮説の妥当性を検証するのが、定量的分析です。そのためには、どのようなデータを使って分析を行うかも重要となります。学位論文では、学生にどのようなデータを使って分析をしているのか、データをサマライズした表を必ず作成するように指導しています。従属変数がテストの成績のような連続変数であれば線形回帰分析を行い、従属変数が1から5のようなカテゴリー変数であれば、非線形の順序ロジスティック回帰分析を行います。統計分析で用いるデータには、質問票調査や構造化インタビューによりフィールド調査で収集された一次データや、無作為抽出実験、家計調査、学力調査によって収集された二次データがあります。定量的研究では、データをもとに分析を行うため、研究者が介入する場面が限定的になります。分析自体は、コンピュータ搭載のSPSSやSTATA、SASといった統計プログラムが行って

くれますので、分析結果をどのように解釈するかが重要になってきます。仮説通りの結果が出ない場合は、何が原因でそのような結果になったのかを考察する必要があります。仮説通りの結果が得られた先行研究を用いながら考察を行うことは、定量分析の研究においてとても重要です。定量分析結果を踏まえてサンプル数を絞ってから、定性的な分析を行うケースも多々あります。特に博士学位論文では、そのレベルまで深く掘り下げた研究が要求されます。

4. 非実験的研究

　非実験的研究について紹介をします。例えば、教育の外部効率性を分析する際にも定量的分析が頻繁に使われます。教育と労働市場との関係は教育収益率を用いて分析しますが、開発途上国において政府機関や国際援助機関が初等教育にプライオリティを置くようになったのも教育の社会的収益率が高いのが理由です(**図 I-1-1**を参照)。実証研究結果(エビデンス)を基に政策提言を行うことができるのも、定量的研究ならではの特徴ではないでしょうか。図 I-1-1 で高等教育の私的収益率が高い点も注目すべきだと思います。学生ローンを借りてでも大学に通うことを、多くの若者が選択します。実証研究結果からみても、大学教育への投資から得られる経済的なリターン(収益率)が高いからだという説明が可能です。

　もう一つの非実験的研究を紹介します。Ogawa and Tunsel (2005) によると、トルコでは職業訓練高校を卒業しても学校で勉強した分野の仕事に就けないという卒業生が、男性で 50 パーセント以上、女性で 70 パーセント近くに上ります。これは職業訓練高校のカリキュラムのレリバンスにも問題がありますが、下記の表が示すように徒弟制度に参加することにより、就職率が全体で 22 パーセント以上向上しています(**表 I-1-2**を参照)。特に女性の間では 40 パーセントも向上しています。これらの分析結果を踏まえ、トルコ政府は各職業訓練高校のカリキュラムを見直すとともに、徒弟制度の導入を政策に取

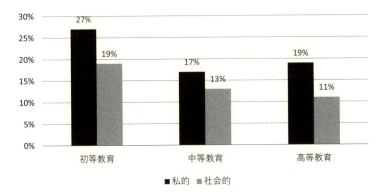

図 1-1-1　教育収益率の分析
出典：Psacharopoulos and Patrinos（2002）

り入れることが重要になると考えます。このように、量的分析を行うことにより政策提言が可能になります。

5. 実験的研究

　教育プロジェクトのインパクト評価にも量的分析は不可欠です。実験データに基づく教育プロジェクトの費用効果分析の国際比較を、小川・中室・星野（2009）を使って説明します。この研究では、就学率あるいはテストスコアの向上という目標に対して複数の選択肢がある場合、ある目標を達成するためには、どれがもっとも費用対効果の高いプロジェクトであったかを費用効果分析を用いて把握することを試みています。例えば、教育政策担当者にとっては、なるべく低い費用で効果があげられるプロジェクトに投資することが望ましいのは言うまでもなく、費用対効果の面からプロジェクトのインパクトを比較することは、国際援助機関が行う援助の効率性の観点からも重要です。ここでは、教育の量という面では就学率、教育の質という面ではテストスコアという、ケニアの教育にかかる状況を鑑みて特に重要と考えられる2つの教育指標に対する費用効果分析を行っています。

表 I-1-2　プロビットモデルを用いたトルコの就職状況に関する分析結果

変数	限界効果 全体	全体	女性	男性
就業経験	0.0367 (63.8)	0.0368 (64.0)	0.0053 (10.0)	0.0554 (75.6)
就業経験の2乗	-0.0007 (60.5)	-0.0007 (60.6)	-0.0001 (10.7)	-0.0010 (72.3)
教育				
小学校	0.0302 (3.58)	0.0302 (3.58)	0.0134 (1.80)	0.0647 (5.01)
中学校	-0.0038 (0.33)	-0.0028 (0.24)	-0.0083 (0.72)	-0.1091 (6.49)
高等学校	0.1697 (13.2)	0.1624 (13.3)	0.1913 (12.0)	-0.0322 (1.88)
職業訓練高校	0.2647 (18.6)	0.2662 (18.8)	0.3187 (14.4)	0.0409 (2.30)
大学	0.4504 (43.5)	0.4514 (43.7)	0.6508 (42.9)	0.0842 (5.05)
都市部 a	-0.2773 (46.7)	-0.2778 (46.8)	-0.2892 (41.8)	-0.1468 (21.4)
女性 a	-0.5117 (115)	-0.5111 (115)	-	-
徒弟制度参加 a	0.2213 (6.76)	0.0510 (1.24)	0.4038 (5.03)	0.0801 (2.89)
コース訓練参加 a	0.0550 (4.17)	0.0545 (4.13)	0.0228 (2.00)	0.0540 (3.04)
徒弟制度への参加期間(月)	-	0.0092 (6.69)	-	-
地方 a				
エーゲ海	-0.0213 (2.66)	-0.0218 (2.72)	0.0166 (2.17)	-0.0676 (6.10)
地中海	-0.0883 (10.7)	-0.0889 (10.7)	-0.0754 (11.7)	-0.0616 (5.28)
中央アナトリア	-0.1164 (15.9)	-0.1172 (16.7)	-0.0854 (14.9)	-0.0946 (9.00)
黒海	0.0033 (0.35)	0.0027 (0.30)	0.0310 (3.49)	-0.0472 (3.71)
東アナトリア	-0.0486 (4.60)	-0.0485 (4.59)	-0.0484 (5.89)	-0.0158 (1.09)
南東アナトリア	-0.0034 (0.34)	-0.0032 (0.33)	-0.0300 (3.47)	0.0260 (2.15)
負の対数尤度	24,231	24,205	10,801	11,647
カイ2乗 (K)	20,584	20,637	4,260	7,832
疑似決定係数	0.2981	0.2989	0.1647	0.2516
観測数	50,633	50,633	26,124	24,509

(注) a はダミー変数。ダミー変数に対する限界効果は、ダミー変数が0から1に変化した際の変化。括弧内は漸近的 t 値。
出典：Ogawa and Tansel (2007)

無作為抽出実験の推計パラメータを用いて、費用効果分析を行うことの利点は2つあります。第一に、共通の政策目標（ここでは、就学率とテストスコアの改善）があれば、政策ツールが何であろうと（例えば、制服、虫下し、視覚教材の提供など）横断的に比較することができる点です。次に、自己選択バイアスをコントロールできることによって、正確な評価が可能になる点です。

　図 I-1-2 から明らかなように、奨学金給付と視覚教材提供プロジェクトの例外を除き、就学率を改善するプロジェクトは、テストスコアの上昇には効果を発揮しない（あるいは逆もまた然り）ことが示唆されており、それぞれの教育指標改善のためには、それぞれ異なる政策が必要であることがうかがわれます。就学率改善のためには、虫下し薬の配布がもっとも費用対効果が高く（3.50ドル）、次いで経常的な教育費用の無償化（12.51ドル）や学校給食の提供（36.00ドル）が高くなっています。一方、テストスコアの上昇には、奨学金の給付や、教師のインセンティブ導入（3.70ドル）の費用対効果が高いことがわかります。総じて、費用対効果の観点から、ケニアにおいては、親が子どもを就学させることの意思決定が、教育にかかる費用に対して弾力的であることがうかがわれ、機会費用を含む受益者負担を引き下げるような政策・プロジェクトが有効である可能性が高くなっています。一方、生徒の学習達成度の向上のためには、費用の引き下げよりもむしろ、生徒や教員に対するモチベーションを高める政策・プロジェクトが有効であることが示唆されています。

　次に、ケニア以外の国で行われた実験データのうち、就学率とテストスコアの改善を目標にしたプロジェクトとケニアの8つのプロジェクトを比較し、就学率とテストスコアを改善するために費用対効果の高い初等教育プロジェクトが、国際的にみて共通の傾向があるかどうかについて検証します。より多くの事例との国際比較を可能にするために、無作為抽出実験だけでなく擬似実験の事例も扱うこととし、費用は全て実験当時の為替レートを用いて、米ドルに換算しました。図 I-1-2 をみると、就学率の改善については、ケニア同様、虫下し配布（インド）や給食提供（バングラディシュ）など、教育の機

就学年数を1年増加させるために必要な費用

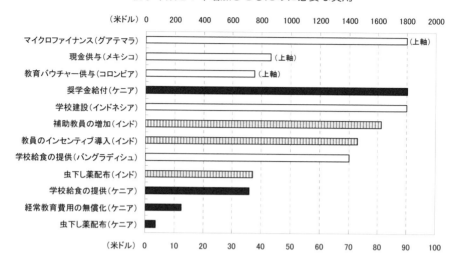

テストスコアを0.1標準偏差増加させるために必要な費用

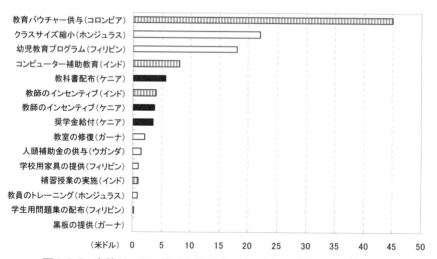

図 I-1-2　実験データに基づく教育プロジェクトの費用効果分析の国際比較

(注) 黒はケニアで行われた無作為抽出実験、灰色縞線はケニア以外の開発途上国で行われた無作為抽出実験、白は擬似実験から得られたデータに基づく費用効果分析の結果を示す。

出典：小川、中室、星野 (2009) p. 37

会費用を引き下げるプロジェクトの費用対効果が高くなっています。テストスコアの改善については、ケニアでみられたようなインセンティブに働きかけるプロジェクト以外にも、学生用問題集の配布（フィリピン）、教員のトレーニング（ホンジュラス）、補習授業の実施（インド）など、学習改善に直接的な効果が見込めるプロジェクトの費用対効果が高いことがわかります。ただし、ガーナにおいては黒板の提供や教室の修復など教育資本に対する投資のリターンが高いことがうかがわれます。

6. おわりに

　定量的研究手法では、分析結果を基に考察を行い、文脈に左右されません。定量的研究手法では、質問票調査や構造化面接法によりフィールド調査で収集される一次データや、無作為抽出実験、構造化面接法、学力調査によって収集される二次データを用い、統計学的な手法を用いて分析を行います。データを基に分析を行うので、研究者が介入する場面が限定されます。厳密さという視点から言うと、外的妥当性と信頼性を高め、研究結果をどれだけ一般化できるかが鍵となります。

　定性的研究のリサーチ・スキルについては次章で議論されますが、量的研究と質的研究の両方を含む混合研究が現在は注目されています。量的研究はサンプル数が多くマクロな状況を把握することに優れている反面、ミクロな視点に関する理解度が浅くなっています。その一方で、質的研究はサンプル数が少ないものの、ミクロな視点での理解度が深いのが特徴です。双方の強みと限界を考慮して、混合研究を実施することは重要です。例えば、国全体をカバーした家計調査や学力調査で集められたデータを使って量的分析を行ったうえで、サンプル数を絞ったフィールド調査に基づいた質的分析を行い、量的分析で明らかにすることができなかった点を深く掘り下げて分析することは重要です。

参考文献

小川啓一・中室牧子・星野絵里「ランダム化フィールド実験による教育プロジェクトの費用効果分析―ケニアを事例に―」『国際教育協力論集』第 12 巻第 2 号 29-41 頁 2009 年.

Jonshon, R. B. and Christensen, L. (2017). *Education Research: Quantitative, Qualitative, and Mixed Approaches, 6th Edition*, Sage, pp. 1-709.

Ogawa, K. and A. Tansel "Transition from Education to Labor Market in Turkey" *Journal of International Cooperation Studies*, Vol. 12, No. 3, pp. 113-143, 2005.

Psacharopoulos, G. and Patrinos, H. A., "Returns to Investment in Education: A Further Update", World Bank Policy Research Working Paper No. 2881, pp. 1-29, 2003.

.

第2章　定性的研究のリサーチ・スキル

原　清治（佛教大学）

1. はじめに

　本章では、定性的研究のリサーチ・スキルについて焦点をあて、それを比較教育学研究に活かす方法について事例を用いながら説明します。まず、量的研究と質的研究の違いについて簡単に説明します。次に比較教育学研究において定性的研究を用いる意義を考えるため、実際に筆者が実際に調査したデータをもとにその流れについて述べます。最後に定性的研究を進めるにあたっての留意点について説明していきます。

2. 量的研究と質的研究

　これまで比較教育学の分野ではさまざまな調査研究がすすめられていますが、その調査方法は大きく量的研究と質的研究の2つに分類されます。
　量的研究は、たとえばアンケート用紙などを用い、ランダムに選ばれた人々を対象に行う調査データを用いた研究を指しています。その際にもっとも重要なことは、どのような対象に、どのような仮説をもとに調査するのかということです。なぜなら、量的研究の多くは「仮説検証型」であるため、仮説の分析的枠組みがわかりにくい場合、どれだけ多くの人々に調査をしたとしても、その研究に意味を見出すことが難しいからです。対象からランダムサンプリングした調査であれ、対象すべてに実施する悉皆調査であれ、「仮説

を検証」する必要があります。

　たとえば、これまでに比較教育学会でも議論されてきた例を用いるならば、「比較教育学は大学の教職課程でどの程度開講されているのか」や、「比較教育学を履修する学生は、海外渡航経験のある学生がより履修しているのではないか」などを明らかにするためには量的調査が必要となります。教職課程を有するいくつかの大学や、実際に比較教育学を受講している学生に協力いただき、アンケート調査を実施します。すると比較教育学がどの程度開講されているのか、が具体的に何パーセントという数値を伴って明らかになるだけでなく、大学の規模によって開講の割合が異なっている、などといった点が客観的に明らかになります。

　一方で、こうした量的調査と仮説の立て方が異なるのが、質的調査です。両調査がもっとも異なる点は、質的調査においては、調査に入る段階では確定的な仮説を設定せず、調査結果から仮説を導き出す「仮説生成型」が多いことです。たとえば、面接法やグループフォーカスインタビュー、次章で述べられるエスノグラフィなどは典型的な仮説生成型の研究方法となります。調査対象者と実際に面談したり、生活を共にしたり、日記や手記などを手掛かりに研究の仮説を導き出していきます。また、調査対象者も量的調査と比べて、限定的であったり、小さな集団になることが多いといえるでしょう。

3. 比較教育学研究において質的研究を行う意義

　これまで比較教育学研究の中心的な方法に置かれてきた視点は、ひとつの国や地域における社会システムや社会文化、および教育内容などを明らかにし、そこから導かれた知見を丁寧に解釈することであったと考えられます。ただ、そうした研究を扱う場合、量的研究、たとえば質問紙調査を外国で行うためには、かなりの困難が伴うことは想像に難くありません。その国の公用語で質問紙を作成することの難しさもさることながら、質問紙を配布する対象をどのように選定し、調査を依頼し、了承を得るのか、日本では思いも

よらない事態が発生することもあります。例えば、筆者はネットいじめの国際比較研究を行うため、対象国の教育委員会や研究者と打ち合わせ、調査対象校の下見を行い、質問紙調査を実施したことがあります。限られた渡航期間内に現地でのやり取りをすべて行う必要があるため、入念な打ち合わせを行ってきたつもりでした。ところが、いざ実施してみると、質問紙の言い回しの解釈が現地の子どもたちの感覚に合わずに苦労した苦い経験が思い出されます。

　質的研究の強みは、むしろそうした事態に対しても、意味解釈を加えることによって新たな分析的視点が構成できることです。今井重孝(1990)の指摘は示唆に富みます。今井は比較教育学の課題として、二国間の差異性に注目するのか、共通性に注目するのかによって研究や教授内容が異なることを指摘しています[1]。すなわち、「ナショナルな教育学諸分野の『文化的に拘束された』教育理論を、異なった国々の経験を通して再検討し、それを普遍化させるところ」[2]にある一方で、「各国の教育を異ならしめているものの根―根本的文化との関係において比較考察をおこなう」[3]といった二方向のアプローチが必要な学問領域であると指摘しています。つまり、分析の視点を柔軟に構成できるのが質的研究なのです。

　また、市川昭午(1990)は比較教育学研究者の自国の現実的な教育状況への関心の欠如を指摘し、学会の研究が外国研究に埋没しかかっている傾向に警鐘を鳴らしています[4]。

　これは、比較教育学という学問に固有の問題です。あまり教育社会学や教育心理学ではこのような議論を聞いたことがありません。日本の教育のことを深く理解したうえで、研究対象国の教育を「深く」掘り下げるためには、質的研究には大きな得意があります。大規模調査や計量的なデータだけでは見えにくい他国の人々の意識や文化などを、「比較」の視点をもって明らかにする。質的研究を行う意義はここにある、といえるでしょう。

4. 面接法の特徴

　それでは、面接法の分類および構造を解説しながら、実際に面接法を用いて研究する場合、どのような点に気をつけるべきでしょうか。ここでは実際に筆者が英国およびハワイで行った面接調査の経験をもとに説明してみます。

1) 深層面接法

　深層面接法は、調査対象者の内面深くにある動機や欲求を探る面接法です。たとえば、少数民族を対象にその文化や習性を背景とした個人の動機を明らかにするときに用いる面接法といえます。この時にもっとも重要なのは、後にも述べますが調査対象者との信頼関係（ラポール）が形成できているかどうかということです。これは他の面接法にも指摘できることですが、調査対象者が自分と異なる文化や習慣を有していたとしても、それらに対して深い敬意をもち、相手を尊重しながら面接を行わなければ、対象者の動機や欲求を探ることはできません。また、面接中のしぐさやうなづき、沈黙なども、調査の対象となるため、ICレコーダー等を用いて後でテープ起こしをするときには、そういったしぐさ等も事細かく明記しておく必要があります。

　また、深層面接法では次の詳細面接法で問うような対象者の意見や情報、意識などはすでに把握していることが前提となります。むしろそれらを踏まえた上で、対象者の背景を知ることが重要な面接となります。

2) 詳細面接法・焦点面接法

　対象者がもっている意見や情報、意識などを知るための面接法です。とりわけ、この面接法では面接する対象として、研究分野に明るい専門家、学校の教員などの豊富な情報をもつ人を対象とすることが多いと指摘されています。とりわけ、焦点面接法 (focused interview) では、対象者のもつ意見や情報が、研究に多くの示唆を与えることが多いからです。比較教育学であれば、ある国の現職教員、教育学研究者、教育行政担当者などが想定されます。対象と

なる国の教育やその分化について詳細に問い、自国や比較対象の国とどのように異なるのかについて明らかにする必要があるためです。

3) 構造化面接法

前もって面接場面での質問事項があらかじめ標準リストとして決められている面接法です。自由応答式や制限応答式のいずれの質問も使用されますが、質問していく項目の順番やその内容、質問する際の面接者の言葉づかいなどがかなり厳しく決められていることが一般的です。

例えば、下記のような標準リストを作成し、面接に臨みます。

①氏名、②生年月日（もしくは年齢）、③性別、④学歴、⑤職業、⑥住所、⑦家族構成、⑧宗教の有無、⑨趣味、⑩現在の関心事、⑪性格の特徴などの一般的な事項、⑫研究テーマに関すること、などです。こうした標準リストのメリットは、異なった面接者が面接を行ったとしても、得られる回答に誤差が生じるリスクを下げます。面接時に質問者から発する内容がすべて同じであるためです。卓越した研究者が行っても、研究の補助員である大学院生が行ったとしても、得られる回答に大きな差は見えにくく、信頼性は高くなります。また、面接者の言葉遣いの違いによって生じる問題も回避できることもメリットといえるでしょう。

一方で、標準リストに記載する内容については、綿密な打ち合わせが必要になります。面接は1回限りですから、研究に必要な質問がなされなければ、面接そのものの意味がなくなってしまうこともあり得ます。標準リストに記載されている内容で研究に必要な知見を得られるのか、検討を重ねる必要があるといえるでしょう。

4) 非構造化面接法

構造化面接法がいわば「型にはめる」面接であるとすれば、非構造化面接法はそうした基準がほとんど設けられていない面接法です。回答者に対して、質問者が指示する内容はほとんどなく、自由応答式の質問が採用されること

が多いです。「あなたが大学に進学したのはなぜですか」といったオープンエンドの問いがされることが多く、そこから得られる回答も多岐にわたります。そうした回答群から仮説を導き出そうとする点に特徴があるといえます。また、回答者の社会経済的地位に沿って言葉遣いや質問の意図を理解しやすいように変更できることも、この面接法のメリットといえるでしょう。言い換えれば、面接対象者の特質に合わせて、柔軟な面接が可能となります。

しかし、非構造化面接法では「あなたが大学を進学に進学したのはなぜですか」という質問であっても、卓越した研究者が問うのか、研究初心者である大学院生が問うのかによって、得られる回答は大きな差が出てくることが想定されます。なぜなら、質問者の意図も両者で大きく異なり、回答者が答える内容にも差が出てしまうからです。

5) 半構造化面接法

半構造化面接法は、構造化面接法と非構造化面接法の折衷となったものです。構造化面接法のように標準リストを作成し、それに基づいて質問しつつ、非構造化面接法の技術を用いながら面接を行います。もしくは、非構造化面接法のように自由な質問を行いながら、回答のパターンによって質問するリストを作成しているような場合も半構造化面接法に含まれます。

半構造化面接法は面接法でもっとも多く使われる面接方法であり、比較教育学研究の質的研究においても、利用されることの多い面接方法であるといえるでしょう。

ここでは、実際に半構造化面接法を行った場面を事例として取り上げ、解説を進めてみましょう。

これは筆者が実際に行った面接法の一部です。英国での非正規雇用の若者は、①大学卒業、②高等学校卒業（大学中退も含む）、③高等学校中退、の3つのタイプに分かれていました。調査では、③グループを代表する対象をランダムに選定し、質問リストを作成し、面接を実施しました。質問にある「あなたはなぜ、正規雇用につかなかったのか」「チャンスがあれば、正規雇

【英国の非正規雇用の若者を対象とした面接調査より】

Q：あなたはなぜ、正規雇用につかなかったのですか？

A1：高校を卒業したあとは、一応正規の仕事をしていたけど、そこの労働条件があまりに悪かった。例えば休日は週に1日あるかないかなのに、給料は相場よりも全然高くなかった。あと、自分の技術を買われて仕事に就いたと思っていたのに、やっている内容は雑用ばかりなのにもうんざりしたから。

A2：うちは家族が多いのに家計があまり裕福じゃないから、<u>1ヶ月ごとに給料をもらっていたら、家計の足しにできないんだ</u>。アルバイトは大体1週間ごとに、場合によっては1日ごとにもらえるだろう。それなら家計の足しにできるし、いろんなアルバイトを掛け持ちすれば1日ごとにもらえる給料も多くなるから、結局この生活を続けている。

Q：でも、チャンスがあれば、正規雇用の仕事に就きたい？

A1：できれば早く自分のできる正規の仕事に就きたいよ。<u>まだ僕は19だから</u>コネクションズのPAとどんな仕事に雇用口があるのか、調べてもらっているところなんだ。今度会うときに、じっくり話を聞いてもらって、なるべく条件のよいところで仕事をしたい。アルバイトの生活は5年後を考えると、絶対体がもたないよ。

A2：そりゃこの状態を続けたくはないけど、家族のことを考えると今はこの状態を続けていくしかないかな、と思っている。だって一度に沢山のお金を稼ぐにはこの方法が一番手っ取りばやいから。確かに将来のことを考えると不安になるけど、<u>今はそんなことを言っている余裕がないな</u>。

用の仕事に就きたいか」というのは、こちらで事前に用意した質問リストです。ただし、これらの面接での回答は多岐にわたりましたので、ある質問から、対象者の家庭環境まで踏み込んだ回答（上記ではA2）を得ることもできました。このように、標準リストを用意しながらも、回答者の背景に踏み込んだところまで深く問うことも半構造化面接法といえるでしょう。

6) 面接法の課題

　まず、面接に協力してもらえる回答者の選別です。面接対象者には本来の研究以外の目的でインタビュー内容を利用しないこと、場合によっては公表前にチェックをしてもらうことを確約する必要があります。

　次に面接者と回答者の信頼感（ラポール）の形成です。面接者としての誠実性や面接方法の習熟が必要になります。研究を始めてまだ時間の短い若い研究者ではこの部分に難しさを感じるかもしれません。

　さらに、面接場所をどこにするのかということです。回答者には研究に協力いただく都合上、相手の負担の少ない場所で行うことが最善ですが、そこまでの旅費等を研究費で賄うことも難しい若手研究者がいることも事実です。自己負担となると、ますます研究を遂行することが難しくなります。

　最後に、面接にやり直しはできないということです。面接を行うのは１回限りであることがほとんどとなるでしょう。比較教育学の調査対象はほとんどが海外に在住されている方であることを考えると、ほぼやり直しは不可能です。ICレコーダーは必須ですが、集団面接の場合は２台用意する、深層面接法や非構造化面接法であれば、ビデオカメラを用いるなど配慮が必要となるでしょう。

5. おわりに——客観性を保ちつつ、技能を磨く

　面接法に限らず、質的研究の課題として指摘されるのは、取り出された事例の客観性をどのように担保するのかという点になります。今回の事例で取

り上げた海外の若年就労者に対する面接法では、その前段としてある程度の予備調査を行い、各国の若年就労者の代表例となる若者に焦点を当て、面接を順次行いました。そして、対象国の研究者と調査で得られた知見をもとに、議論を重ねました。このように、質的研究で得られた知見は、第三者から見た場合、自分たちと同様に解釈可能なのか、検討を加えることは重要だと考えられます。量的研究であれば統計的な有意差で客観性を担保できますが、質的研究はそうした手続きを行うことができません。

したがって、調査の手続きそのものを客観的に行う必要があります。取り上げた事例はそれらの研究の代表例として適切な対象なのか、面接で得られた知見は対象国でみられる事例なのか、を丁寧にアプローチすることが求められます。このような質的研究における課題を藤田英典(1995)は「問題は、信頼性と妥当性を備え、しかも、分析的に優れたエスノグラフィ、すなわち科学的に優れたエスノグラフィをいかにして作成・提示するかという点にある」と指摘しています[5]。

そのような客観性や科学性が求められる一方で、質的研究に必要な側面として「職人」的な技能もまた必要とされています。志水宏吉(1998)は、エスノグラフィ研究において、「説得力のある『全体』を描ける研究者とは、すなわちすぐれた『知の職人』である」と指摘しています[6]。たとえば、P. ウィリス(1977=1985)の『ハマータウンの野郎ども』は海外における優れた質的実証研究の代表と呼べます。この研究では、労働者階級と中産階級の子どもたちの対立構造を質的に明らかにしているのですが、労働者階級の子どもと中産階級の子どもがお互いに反目し合っている構造を彼ら自身が自覚していたのではありません。フィールドワークやインタビュー調査を経て、ウィリスがその全体像を明らかにしたことが、この研究の重要なところなのです。ある程度質的研究を行う上でのガイドブックや参考書は蓄積されてきています。しかし、大事なのは自分の研究の全体像を想定して質的研究を行わなければ、結局は面接をしただけ、やりっぱなしの調査で終わってしまうケースもあるようです。さらに、面接法で回答者から得られた話をそのまま取り上げるだ

けではなく、質問から回答に移るまでの間であったり、言葉を濁していたりすることも、分析の対象として加える必要があります。回答者が質問を思った通りに答えるとは限りません。そうした回答者の思いや意識を読み取る「技能」が求められるのです。

　このように質的研究を行う上でのハードルは、とりわけ若手研究者にはハードルが高く感じられるかもしれません。そこで、初めに木下康仁(2007)が提唱するM-GTA(修正版グラウンデッド・セオリー)から始めてみることをお勧めします。M-GTAの特徴は研究者としての問題関心となる分析テーマと分析焦点者の2つから質的データを見る点にあります。分析焦点者とは、学校の調査であれば、教師や生徒、保護者も想定に入れてよいかと思います。そうした対象を広げるか狭めるかの判断は研究者に委ねられます。そうした研究者としての問題関心と分析焦点者から見た問題とに分けておくことで、質的研究に対する姿勢(木下はこれを「オープンな姿勢」と指摘しています)が理解しやすくなるのではないでしょうか。

注
1　今井重孝「比較教育学方法論に関する一考察」『日本比較教育学会紀要第16号』pp.19-21、1990
2　小林哲也「国際化社会と比較教育学」小林哲也、江原武一編著『国際化社会の教育課題』p.40、1987
3　松崎巌「比較教育学の課題と方法に関する一考察」『青山学院女子短期大学紀要第21輯』p.88、1970
4　市川昭午「比較教育再考―日本的特質解明のための比較研究のすすめ―」『日本比較教育学会紀要第16号』pp.5-17、1990
5　藤田英典他「教師の仕事と教師文化に関するエスノグラフィ的研究―その研究枠組と若干の実証的考察」『東京大学大学院教育学研究科紀要第35巻』p.34、1995
6　志水宏吉『教育のエスノグラフィー』p.13、1998

参考文献
木下康仁(2007)『ライブ講義M-GTA　修正版グラウンデッド・セオリー・アプローチのすべて』弘文社。

志水宏吉(1998)『教育のエスノグラフィー』嵯峨野書院。
高橋順一・渡辺文夫・大渕憲一(2002)『人間科学研究法ハンドブック』 ナカニシヤ出版。
B.G. グレイザー、A.L. ストラウス(1996)『データ対話型理論の発見』 新曜社。
N.K. デンジン、Y.S. リンカン(2006)『質的研究ハンドブック1巻:質的研究のパラダイムと眺望』 北大路書房。
N.K. デンジン、Y.S. リンカン(2006)『質的研究ハンドブック2巻:質的研究の設計と戦略』 北大路書房。
N.K. デンジン、Y.S. リンカン(2006)『質的研究ハンドブック3巻:質的研究資料の収集と解釈』 北大路書房。
U. フリック(2011)『質的研究入門』 春秋社。

第3章　エスノグラフィのリサーチ・スキル

中矢礼美(広島大学)

1. はじめに

　本章では、リサーチ・スキルの一つとして、質的研究方法の中でも特にエスノグラフィに焦点を当てて、比較教育学研究に活かす方法をお話します。まず、エスノグラフィについて簡単に説明し、次に比較教育学研究においてエスノグラフィを用いる意義を考え、最後に比較教育学研究の事例を用いてエスノグラフィの特徴を活かした研究方法を説明していきます。

2. エスノグラフィとは

　エスノグラフィは、質的研究を行うための一つの方法です。質的研究の方法として、他にナラティブ研究、現象学アプローチ、ケーススタディ、グラウンディドセオリー、アクションリサーチなどがあります (Creswell, 2013)。エスノグラフィという言葉には二つの意味が含まれており、一つは調査方法論としての「参与観察」、もう一つは研究成果としての「民族誌」を意味します。エスノグラフィには様々な方法があり、これこそが完璧なエスノグラフィであるという定義も実践も難しいとされていますので、本章はあくまで参考として読んで頂ければ幸いです。

　エスノグラフィ（参与観察）では、調査者が研究テーマにあった調査地域・場所を選択し、その中に自ら入って、人々の生活や活動に参加しながら、見

たり聞いたりしたことを書きとめていきます(藤田・北村、2013)。最近では、参与観察を伴わないインタビュー、研究者の自伝、文書や映像・音声などの分析、ライフヒストリー、オーラルヒストリーなども「エスノグラフィックな」調査法として用いられています(藤田・北村、2013)。

エスノグラフィの目的、対象、場所は次のように説明されています(小田、2010)。目的は、「文化がどのように現れているのかを描く」ことにあり、儀礼、サブカルチャー、教育文化などが「文化」にあたります。対象は、「ある特定の文化を共有しているグループ」であり、少数民族、移民、越境者、学習グループなどで、場所は、研究テーマに合わせて学校、病院、コミュニティ、寮、宗教施設などが選ばれます。

エスノグラフィの特徴は、小田(2010)が次のように分かりやすく説明しています。1)現場を内側から理解する、2)現場で問いを発見する、3)素材を活かす、4)ディーテールにこだわる、5)文脈の中で理解する、6) A を通して B、7)橋渡しをする：「向こうの世界」を「こちらの世界」に伝える。

後ほど、この7つの特徴については、比較教育学研究ではどのように活用できるのかを事例を用いながら説明します。

3. 比較教育学研究においてエスノグラフィを用いる意義

日本の比較教育学研究では、複数の国家・地域の教育制度や政策を並置して比較する研究はあまり多くありません。どちらかというと、単一国の教育政策・制度について、その特徴を歴史・社会・文化背景から深く理解することを重視しています。ただし、「比較」に無頓着なのではなく、自国や他国の教育を意識しながら、研究対象国の教育の特徴は何かを理解しようとしています。その際、人類学、経済学、歴史学、社会学、教育学などを用いながらその国・地域の教育を包括的に捉えていこうとします。

さらにトピックによっては、国家の中の特定の地域・学校・学級に注目して、なぜそのような教育が展開されているのか、その地域の人々の生活、価

値観あるいは将来への思いが教育活動にどのように反映され、教育はどのようなものとして人々に捉えられているのかという実践レベルまで深く入って研究します。その時に、エスノグラフィは非常に有効な研究方法となります。

例えば、カリキュラムの地方分権化というトピックは、政府文書、会議資料、カリキュラム分析を国家統合や国家開発といった側面から分析して、教育政策の特徴を捉えることができます。しかし、地方で開発されたカリキュラムが、児童・生徒にとって、実際にどのような意味をもつものなのかは分からないため、地方分権化の妥当性・適切性の評価はできません。その場合、エスノグラフィを用いると、実際に現れる多様な教育現象と彼らにとっての意味が理解でき、教育政策を批判的に分析できるようになります。

エスノグラフィやそれを含む質的研究手法が、量的研究手法より優れているということではありません。量的研究手法は、参与観察では見えてこない全体的な傾向や心理的な事項、観察時間・場所以外での行動などを把握することができます。それぞれが強みを持っており、その両方の強みを活かした研究が多くなりつつあります。

4. エスノグラフィの特徴──比較教育学研究の場合

それでは、比較教育学研究ではエスノグラフィの特徴をどのように活かすことができ、何に気をつけるべきでしょうか。小田 (2013) が示す7つのエスノグラフィの特徴に沿って、比較教育学の調査事例を用いながら説明してみます。

1) 現場を内側から理解する

現場とは、比較教育学研究の場合、海外の地域・学校となります。そこでの教育の営みを内側から理解するためには、学校教育の成員である教師、児童・生徒、その保護者、地域住民の側に入りこむ必要があります。「日本人の研究者」から「お姉ちゃん」になるまでには、様々な活動を一緒にする必要

があります。笑顔で良好な人間関係を築くというのはもちろんですが、外国人ですので、まずは自分がどのように見られているのかを把握した上で、言動に気を付けます。できるだけ教師の家や生徒の家や女子寮に住まわせてもらって、一緒に学校に通い、多くの時間を共に過ごします。学校では生徒と授業を受けたり、教師が休みの時には授業をしたり、放課後には一緒に料理や洗濯などの家事、断食、賛美歌の練習、日曜学校の手伝いなど、様々な日常生活や活動に参加し、生活や学校や家族や仕事についておしゃべりをします。そうするうちに、人々にとっての「教育」の意味が少しずつ理解できるようになっていきます。一度に長期間滞在できない場合には、毎年1、2回、短期間訪問して10年間行き続けて信頼関係を築き、内側から理解を試みるという方法もあります。

2) 現場で問いを発見する

誰しも、「問い」を持たずに調査地に行くことはないでしょう。しかし、初めに抱いていた「問い」に答えることだけに一生懸命になっていると、大事なことを見落とすことがあります。

たとえば、筆者が地域科（インドネシアの地域・学校裁量の教科）の調査を行った時、当初は政府文書・会議資料やカリキュラムの分析から「地域科の教授学習過程において、国家アイデンティティと地域アイデンティティ育成のバランスはどのように保たれようとしているのか」という「問い」をもって調査を始めました[1]。インドネシアでは、民族の多様性の保障と国家統合が教育の最重要課題であるためです。しかし、授業観察をする中で、新しい発見がありました。「民族の多様性の保障と国家統合の問題は、国家対地域の構造ではなくて、地域における民族間にある」です。地域にも複数の社会的・文化的集団が存在するため、学校観察においてそれらの間での相克が見られたためです。そうして、「どのような民族の間で、どのような要因を背景に地域科はその意図（地域愛の醸成と地域開発に資する人材の育成）とは異なる状況を招いてしまうのか」という新たな「問い」が生まれてきました[2]。

3) 素材を活かす

　素材とは、データのことで、フィールドノーツ、音声データ、ビデオデータ、新聞や雑誌の記事などエスノグラフィを行う途中で作成したり、収集したりするもののことを言います。素材を活かす方法は、箕浦（1999）も小田（2013）も料理に例えてその説明をしていますが、活かし方（分析でのデータの用い方）はその事例、研究枠組みや問いによります。そこでここでは、よい素材の収集方法を中心にお話しします。

　まず、「1）内側から理解する」でお話ししたことに加えて、新聞や雑誌から自分の興味関心に近いテーマや調査地についての情報を集めておくこと（**写真 3**）、先行研究や関連する理論の勉強をしておくことが大切です。

　筆者が博士論文執筆の際に一番時間をかけた素材は、授業観察記録です。1年間で100授業時間以上の授業をテープにとりました（**写真 4**）。そのテープを何度も聞き返し、「これは！」という授業について選んで、内容をすべて書き起こします。授業中は会話の記述はそこそこで、教師や児童・生徒の表情、態度、雰囲気を記録します。休み時間のおしゃべりも後からノートに書きます（**写真 1**）。気をつけなければならないのは、「素材」を「素材」として残すことです。人に伝える前に、つまり主観が入り込む前に、見たまま聞いたままをできるだけ記録することが肝心です（関口、2013）。

　生徒のノートも非常によい素材となります（**写真 2**）。基本的には板書を写していますが、グループディスカッションの内容や教科書の問題への記述式の解答も書かれていて、生徒の考えを理解するのに便利です。また、生徒の作品も貴重です。中学校社会科の授業で「社会化」と「文化化」の単元を観察した際、課題である「地域での社会的交流」の作品をもらいました（**写真 5**）。これは家族写真や雑誌の切り抜きで自分の社会化や文化化を表現しているもので、国軍の写真、宗教行事の写真、マクドナルドの広告などのバラエティが見られ、そこから、何に影響を受けているのかが推測できます。それをネタに生徒に家族や地域との関係を自然な雰囲気で聞くこともできました。

第3章 エスノグラフィのリサーチ・スキル 33

写真1 フィールドノート：授業観察編

写真2 生徒のノート

写真3 新聞の切り抜き

写真4 授業録音テープ

写真5 生徒の作品

これらの素材を「問い」に応えられるように選び、分析を加えて、効果的に用いることが大切です。

4) ディーテールにこだわる

観察をするときに、ただ漠然と見るのではなく、細かい点に注意を払いながら見るということです。教師の表情や話し方はどうか、生徒の反応はどうなのか、その細部を注意深く観察して書きとめておくことで、後の分析がより深く、多角的なものになります。下記は、授業観察記録の一例です。このように、授業の情景が臨場感をもって見えるようにするために、細かい部分にこだわって記録を残します。

〈授業観察記録例〉[3]　※教師はミナンカバウ人、生徒はムンタウェイ人

教師：さっきも聞いたが、お前たちは行政的にはミナンカバウの世界に属するが、慣習的にはどうだ？

生徒：入りません（きっぱり）

教師：入らない。ふん、どっちがより強いと思う？法律と慣習法と？

生徒：慣習法！

教師：そう、慣習法はなにせ数百年も受け継がれてきたものだ。法律なんてものは機能できのものだよな。我々（ミナンカバウ人とムンタウェイ人）は違うんだ。もう数百年も前から。考えてみろ、火山が噴火し始めた頃からあるんだ。それがミナンカバウの文化の始まりだ。山が今のような大きさになるまでだ。よし、歴史はこうだ。気が進もうが、進むまいが、お前たちはBAM（「ミナンカバウ世界の文化」科）を愛さなければならないんだ。

生徒：（嫌な雰囲気になりかける）

教師：（すかさず冗談をとばして生徒の笑いを取る）よーし。前に勉強したことの復習だ。ミナンカバウの遊びを言ってみろ。

生徒：シレ（護身術！）

(中略)

教師：シレはミナンカバウ語だけど、ミナンカバウのシレが特に有名だからインドネシア語化されてシラットになったんだ。いまではどこの人だってシラットを知ってるんだ。(筆者に)日本にシラットはありますか。(筆者うなずく)ほーら、日本にだってあるんだ。ムンタウェイだけさ、シラットがないのは。(たくみに冗談をはさんで生徒が笑いを絶やさないようにしている)

生徒：「シレ、ゴール！」わっはっはっ。(ムンタウェイ語で冗談を言って皮肉っぽく大笑いする)

教師：(ムッとした面持ちで)好きであろうとなかろうと、ムンタウェイはパリアマン県に入るんだ。彼ら(ミナンカバウ人)はムンタウェイ人を昔の人とか辺境地の人とか言うな。パダン(州都)に行けば高校がある。羨ましいだろう。

生徒：(悲しそうな顔をする)行きたい！(と叫ぶ生徒数人) ううん(とつぶやく生徒数人)

(後略)

5) 文脈の中で理解する

エスノグラフィでは、参与観察で見たこと聞いたことを記述していきますが、それらを文脈から切り離して理解するのではなく、文脈(歴史、社会、文化)の中で理解することを目指します。

たとえば、先述した授業風景については、教師の民族(ミナンカバウ人)と生徒の民族(ムンタウェイ人)、双方の出身地の状況から理解する必要があります。ミナンカバウ人は、西スマトラ州の人口の90％を占め、強い民族意識と強いイスラム信仰で有名であり、西スマトラ州本島は目覚しい発展を遂げてきています。一方、ムンタウェイ人はアニミズム信仰が根強く、伝統的な生活様式を守り、商業活動以外は外来との交流を拒んできた少数民族の一つで、事例の学校があるムンタウェイ諸島は、開発が遅れており、高校に行

くには本島からの奨学金を得て本島に行かなければなりません。スマトラ州本島からは開発とイスラム教布教のためにミナンカバウ人がムンタェイ諸島に移住しつつあり、地域開発の一つという位置づけでミナンカバウ民族の言語と文化を学習する「ミナンカバウの世界」という地域科が当時は州の必修科目として教えられていました。また、この教師は新任でムンタウェイに配属されたばかりであるという背景もありました。

このように、地域の開発状況、人口動態、民族構成、社会的・文化的状況、教育学的要因といった文脈の中で理解することが必要で、文脈という要因を分析することを通して、次にお話しする「Aを通してB」が可能となっていきます。

6) Aを通してB

エスノグラフィでは、具体的な現実世界を対象として観察をするものですが、具体的な事象(A)をそのまま伝えるのではなくて、そこから何(B)が言えるのかを考える必要があります。

たとえば筆者は「地域科の授業観察」(事象)から、「民族文化の差別・否定」「平和の文化の創造と共有」「〈多文化教育〉による偏見の再生産・共生の困難さの再確認」などの理論(原因と結果の説明)を論じてきました。この理論は、この地域の事象を説明するために作られ、適用できる理論であり、世界中で用いられる普遍的なものではありません(関口、2013、222頁)。しかし、他の地域や国でもある程度の因果関係を予測するのに有効であると考えています。そして、教育学研究としては、その理論の解明によって、教育における問題の解決方法や代替案や注意点を提案することに役立てようとします。

調査の最初の頃は何が言えるのかが見えてきませんし、「問い」が新たに発生したり、変化したりするのですが、そのうちに特徴的な様子や関係性が見えてきます。何が言えるかを考えるためのステップとして、何か特徴が見えてきたと感じた時に、個々の事象を特徴別にグループを作り、ネーミングをしてみましょう。そうすると、何が起こっていて、その特徴的な事象には

こういう要因があるということが分かってきます。この作業は慎重にする必要があり、あまり早々に固めてしまうと、それに当てはまる、当てはまらないだけで判断して、多様な側面を見落としてしまう危険性も高くなります。しかし、ただ漠然と見ているだけでは、事象を通して何が見えるのかが分からないまま調査を終えてしまうと、情報が不十分で分析が十分できないことになるかもしれません。観察しながら、同じ特徴を有する事象にネーミングを試み、何が言えるのか（理論化）というプロセスを行きつ戻りしながら調査を行います。

7) 橋渡しをする：「向こうの世界」を「こちらの世界」に伝える

　小田（2010）は、「橋渡し」とは、「ある世界を内側から理解して、それを別世界で伝えること」としています。エスノグラフィの過程では、調査地の「当たり前」を自明視するような段階になると、自分の地域に対しても「他者の視点」をもって批判的に分析できるようになり、向こうとこちらの中間に自らを置いて、「伝える」ことができるようになると説明しています。

　これは、まさに比較教育学研究のスタンスそのものともいえそうです。ただ、この世界の二分化は、単純な構造ではなさそうです。筆者の場合は、「向こう」（インドネシアの学校）を「こちら」（日本人研究者）に伝えるだけでなく、インドネシアの学校（「向こう」）をインドネシアの研究者（「向こう」ですが研究者側という意味で「こちら」）に伝えますし、インドネシアの学校（「向こう」）を多様な国から来た教育分野を学ぶ留学生（様々な「当たり前」を有する人々）に伝えます。そのため、何を伝えるべきか、どう伝えるべきかも考えつつ調査を行う必要もあります。

5. おわりに——エスノグラフィへの批判とその克服の試み

　エスノグラフィには、様々な批判もあります。「書き手は意図的に取捨選択をしている」「記述自体がレトリックの制約を受けている」「書き手が誰で

あり、どのような制約下にいるのかに影響される」「民族誌の真実とは、本質的に『部分的真実』である」などです（藤田・北村、24-27頁）。それらの批判に対しての試みとして、「『私は何をしっているのか』ではなく『私はどのようにそれを知っているのか』」「『それを知っている私は誰か』を意識して伝えること」「複数の異なる『声』を含めること」、「矛盾や一貫性のない事柄も記述すること」、「調査者自身の位置・位置づけられ方を記述すること」、「『知識』の断片性・不完全性・文脈依存性を自覚していること」があげられています（藤田・北村、30-53頁）。

筆者もできるだけこれらの克服法を試みていますが、インドネシア語を日本語に翻訳するのが最も難しいところと感じています。授業観察事例を見ていただいても分かりますように、内容はもちろんですが、教師のかもし出す態度を言葉のニュアンスからどう伝えるかに神経を使います。できる限り偏りを最小限にするよう努力するしかありません。最近注目されてきているビデオ・エスノグラフィ（映像分析）という手法を用いれば、授業観察の記述や分析の際に、注目している生徒の状況と教師の言動やクラスの状況を複眼的に捉えることができたり、教師に一部を見せて言動の背後にある教育意図について質問することができたり、様々な視点から状況が分析できたりするかもしれません (Tobin, 2014)。

以上、比較教育学研究におけるエスノグラフィの方法について筆者なりの説明をしてきましたが、すでにエスノグラフィについては多くの優れた指南書が出されています（佐藤、2002、2006）。それらを参考にしたり、エスノグラフィを用いた比較教育学研究論文を「自分ならこう調査し、分析する」と考えながら読んでみたり、新しい手法に挑戦してみてください。日本にいる間に身の回りのことでエスノグラフィの訓練をすることもできます。そのような訓練をしているうちにきっとみなさんも自分と自分のフィールドに適した方法が見つけられるでしょう。

注

1 中矢礼美(1995)「インドネシアにおける「地域科」に関する研究―国民文化と民族文化の調整を中心に」『比較教育学研』第21号、73-82。
2 中矢礼美(1997)「インドネシアにおける地域科カリキュラムの機能に関する批判的研究」『比較教育学研究』第23号、113-127。
3 中矢礼美(1997)、122頁。

参考文献

小田博志(2010)『エスノグラフィ入門』 春秋社
佐藤郁哉(2002)『フィールドワークの技法―問いを育てる、仮説をきたえる』新曜社
佐藤郁哉(2006)『フィールドワーク - 書を持って街へ出よう(ワードマップ)』新曜社
関口靖広(2013)『教育研究のための質的研究法講座』北大路書房
藤田結衣子・北村文(2013)『現代エスノグラフィ:新しいフィールドワークの理論と実践』新曜社
箕浦康子(1999)『フィールドワークの技法と実際』ミネルヴァ書房
Creswell, J. W. (2013), *Qualitative Inquiry & Research Design* (Third Edit.), SAGE.
Tobin, J. (2014), Comparative, Diachronic, Ethnographic Research on Education, *Current Issues in Comparative Education*, 16 (2), 6-13.

第Ⅱ部

比較教育学研究のプレゼンテーション・スキル

第4章　定量的研究のプレゼンテーション・スキル　　　米原あき

第5章　定性的研究のプレゼンテーション・スキル　　　乾　美紀

第6章　英語によるプレゼンテーション・スキル　　　　北村友人

第4章　定量的研究のプレゼンテーション・スキル

米原 あき（東洋大学）

1. はじめに

　比較教育学の分野において、計量研究は決して数が多いとはいえません。しかしながら、だからこそその存在は注意を引くものであり、学術的な貢献が期待されるところでもあります。例えば近年の『比較教育学研究』を紐解いてみると、栗原(2015)は、日本の市町村教育委員会が、外国籍児童生徒に対してどのような教育政策を行っているのかを、全国規模の調査データを分析して明らかにしました。また、垂見(2015)は、日本と香港のデータを分析して、「親の社会関係資本」と「家庭背景」がどのように「子どもの学力」に影響しているのかを比較考察しています。栗原(2015)の研究は、質的な研究ではカバーできないような広い範囲を対象にした調査と、その調査から得られたデータの計量分析によって政策提言に寄与しており、垂見(2015)の研究は、質的な研究では明確な線引きが難しい要素間の関係を定量的に捉えることによって、社会関係資本をめぐる理論研究にも寄与しています。統計的な分析手法を用いることによって、例えば「ある自治体と別の自治体の政策意識には差がある」あるいは「ある特定の要素が子どもの学力に影響を与えている」といった議論が、単なる印象論の領域を超えて、反証可能な科学的議論として展開されています。このように、比較教育学の分野においても、計量研究は大きな学術的貢献を果たしています。

　一方で、計量研究は統計学の理解を基本とすることから、統計学に馴染

の薄いオーディエンスに対して、限られた時間内に口頭で研究の概要を説明することは容易ではありません。本章では、比較教育学の分野で計量研究の学術発表をする際に留意するポイント——特に「誰に対して」「何を」「どこまで」話すのか——について考えてみたいと思います。

2. 誰に対して？——比較教育学において「統計は言語である」

　論文を書く際にも「誰に向けて論文を書くのか」を考えることは重要なことですが、口頭発表においてはその重要性は一層増すと考えて良いでしょう。なぜなら、限られた時間の中でなされる口頭発表は、論文のように読み返したり、読むスピードを調整したりすることができないからです。情報量やスピードを「聞き手」の側で調整できないわけですから、「発表者」の側で聞き手に対して十分な配慮を行うことが重要になります。冒頭に述べた通り、統計学の理解を基本とする計量研究の場合は、尚更、聞き手に対する配慮が求められます。

　配慮すべきポイントの一つとして、発表の場に応じて、表現の仕方を変えるという点が挙げられます。社会科学における統計は、言語の一種であると考えると良いでしょう。自分の研究を、またその研究から導出された内容を、聞き手に伝えるために、日本語や英語といった言葉で説明したほうがよい場合もあれば、数字やモデルを使った統計で伝えたほうがよい場合もあります。どの「言語」を使って伝えるのが適切かは、伝える相手が「誰」か——つまり、相手の専門分野や背景知識、そして研究上の関心など——によっても変わります。

　例えば、計量研究を行う研究者同士が集められた部会で発表する場合など、統計的なモデリングや分析手法そのものにも関心があるオーディエンスが想定される場合は、モデルの詳細が分かるような表現を使用したほうが良いでしょう。他方、統計的な手法よりも、その分析のベースとなる仮説や理論、あるいは、その統計分析の結果から導出された示唆や提言の方に関心がある

オーディエンスを前に発表する場合は、統計学的なプロセスよりも、作業仮説や分析結果を概念的に伝えることに重点を置く必要があります。

　図Ⅱ-4-1と**図Ⅱ-4-2**を見比べてみて下さい。両者はともに同じ研究をもとにして作成された発表用のスライドです。図Ⅱ-4-1はどのような分析を行ったのかを直感的に理解してもらうことを意図して作られたスライドで、図Ⅱ-4-2はモデル式の立て方など技術的な点に関心をもつオーディエンスを想定して作られたスライドです。図Ⅱ-4-1のようなスライドを用いれば、統計学的な関心の有無にかかわらずひろくオーディエンスに語り掛けることができますが、統計学の技術的な点に関心のあるオーディエンスにとっては不明瞭感が残ってしまうかも知れません。図Ⅱ-4-2のようなスライドを使って発表すれば、式の立て方やモデルの扱い方についての質問やフィードバックを受け取れる可能性が高くなりますが、統計学に馴染みのないオーディエンスの関心は遠ざけてしまうかも知れません。

　また、いずれのタイプのスライドを用いるにせよ、これらのスライドを説明する際に使う専門用語にも留意する必要があります。「t検定」や「ロジスティック回帰」といった手法の名称に言及する際には、それらがどのような分析をおこなう手法なのかを簡潔に説明することを心がけましょう。オーディエンスの立場に立って、「統計的有意性」や「級内相関」のような専門用語の使用が適切かどうかもよく考え、必要に応じて説明を入れたり、あるいはこれらの用語は使用せず、説明的な表現に言い換えたりするなどの工夫を凝らすことも大切です。統計手法に関する「参照文献」を掲載したり、後述の「テクニカルノート」に言及しながら、発表の本筋ではないところで貴重な時間を浪費してしまわないよう注意して下さい。

　ただし、「分かり易く説明する」ことは、「計量研究の特性を無為にする」こととは異なります。計量研究の強みは、本章の冒頭で挙げたように、反証可能な科学的議論を展開することができる点にあります。たとえ平易な言葉で説明するとしても、「違いがある」「関係がある」といった計量分析の結果について説明する際には、そこには統計的な根拠があること、すなわち、そ

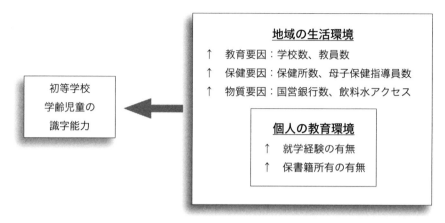

図Ⅱ-4-1 階層非線形分析（HGLM）による識字教育の阻害要因の析出（概念モデル）
出典：筆者作成

$$\text{when } E(writing=1|x) = \frac{e^{\beta_{0j}+\beta_{1j}*X_{book}+\beta_{2j}*X_{schooling}}}{1+e^{\beta_{0j}+\beta_{1j}*X_{book}+\beta_{2j}*X_{schooling}}} = \pi(x),$$

$$g(x) = \ln\left[\frac{\pi(x)}{1-\pi(x)}\right] = \beta_{0j}+\beta_{1j}*X_{book}+\beta_{2j}*X_{schooling}$$

$\beta_{0j} = G_{00}+G_{01}*W_{DISP}+G_{02}*W_{AID}+G_{03}*W_{BRANCH}+G_{04}*W_{TCHR}+G_{05}*W_{PRIM}+G_{06}*W_{WAT}+U_{0j}$,

$\beta_{1j} = G_{10}+G_{11}*W_{TCHR}+U_{1j}$,
$\beta_{2j} = G_{20}+G_{21}*W_{PRIM}+U_{2j}$.

図Ⅱ-4-2 階層非線形分析（HGLM）による識字教育の阻害要因の析出（モデル式）
出典：筆者作成

の議論は統計的な分析の結果に基づいていることを説明する必要があります。
　さらに比較教育学の分野で計量分析を行う場合、変数やモデルの定義も丁寧に説明する必要が生じます。上図の例で言うと、「保健要因」を代表する変数がなぜ「病院数」ではなく「保健所数」なのか、生活の質に関する物質的な要因を代表する変数になぜ「安全な飲料水へのアクセス率」が含まれるのかといった点は、分析対象地域であるタンザニア農村部の状況に関連してい

ます。モデル式が統計的に正しくたてられていても、この点についての説明がなくては、分析の意図や意味が分からなくなってしまいます。

　発表の場には通常、様々なバックグラウンドをもったオーディエンスが集まるため、特に計量研究の発表を行う際には、「誰」を想定して発表の準備をするべきか、判断に迷うことが多々あると思います。統計学を真面目に学んだ人ほど、統計的な情報を正確に伝えなければならないと考える傾向があり、そしてそれはとても重要なことなのですが、口頭発表を行う際には、聞き手が「一聴で概要が分かる」ような発表を心がけることが不可欠です。ここを原点として、後述する「テクニカルノート」などもうまく活用しながら、入念に準備を行って下さい。

3.　何を？——発表の組み立て

　上述の通り、口頭発表は、論文などの文字情報とは異なる、一過性かつ一方向性の情報発信の方途です。さらに比較教育学における計量研究の発表では、統計用語の概説や調査対象国の社会的・文化的特性など、多量の濃密な情報を短い時間の間に圧縮して伝えなければなりません。したがって、これらの情報を伝える順序——すなわち発表の組み立て——が非常に重要になってきます。発表の準備をする際には、その研究テーマや統計学に関する予備知識を持たない聞き手にも分かり易い発表となるよう、「自分が聞き手だったら」というオーディエンスの視点を持って、論理的に発表内容を組み立てていくことが大切です。

　発表の冒頭では、研究課題（リサーチクエスチョン）や研究の目的、先行研究のレビュー、鍵概念の定義などを説明します。それらを踏まえたうえで、計量研究の場合、以下のような手順が一例として考えられます。

　まず、図Ⅱ-4-3の「仮説」から「式」に至る過程を見ていきましょう。質的研究と異なり、量的研究は「仮説」を立てるところから分析が始まります。その仮説をモデル化したものが「概念モデル」です。上掲の図Ⅱ-4-1は概念

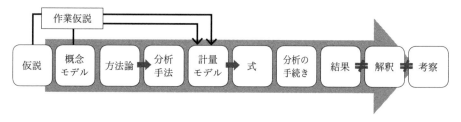

図Ⅱ-4-3　計量研究の手続き

出典：筆者作成

モデルに変数をあてはめた図です。概念モデルを計算可能なかたちにしたモデルが「計量モデル」であり、このモデルを計算する際のベースとなるのが「式」となります。上掲の図Ⅱ-4-2 は計量モデルの「式」を示しています。概念モデルを計量モデルへと数値化する（＝操作化する operationalize）際に、「作業仮説」を立てます。この仮説は、研究全体の仮説とは異なり、ここで行う計量分析によって直接検証される仮説を指します。この作業仮説の内容によって、どのような「方法」で分析を行うかが決まってきます。例えば、図Ⅱ-4-1、2 に示したモデルの作業仮説は、以下の2つでした（米原 2013）。

仮説1：初等学校学齢児童の識字能力は、地域の生活環境と個人の教育環境という重層的な環境構造から影響を受けている。

仮説2：識字能力開発に関して、農村部と都市部には異なる政策ニーズがある。

　仮説1より「重層的な環境構造」をモデル化するために、階層分析という方法を適用することになり[1]、仮説2を検証するために農村モデルと都市モデルを比較分析するという分析デザインが採用されることになりました。また、採用した分析手法 (method) の概要について説明する前に、計量分析という方法を選んだことに対する、方法論 (methodology) 上の妥当性に言及することも大切です[2]。口頭で説明する時間的な余裕がない場合は、配布資料などに記載しておくと、質問を受けたときにも回答しやすくなります。

次に、図Ⅱ-4-3の「分析の手続き」から「考察」に至る過程を見ていきましょう。「分析の手続き」ではコンパクトにかつ遺漏なく、自分がどのような分析を行ったのかを概説します。どのような種類のデータを、どのように収集・入力・クリーニングし、どのように分析して結果を得たのか、聞き手に疑問を残さないよう包括的に情報提供できるのがよい発表です。限られた時間の中ですべてを伝えるのは困難ですが、後述する「テクニカルノート」などを活用しながら発表の準備をすすめましょう。

最後に、「結果」と「解釈」と「考察」は異なるものであることに留意してください。「結果」は、分析によって導出された「事実」です。同じデータを使って、同じ分析を行えば、他の誰が行っても同じ結果が出るはずで、この再現性(replicability)が計量分析の科学性を担保しています。したがって、作業仮説に反する結果がでたとしても、それは事実としてありのままを報告する必要があります。作業仮説が棄却されてしまった場合には、なぜ作業仮説が支持されなかったのかを検討し、何らかの原因を明らかにするのも研究の重要な役割です。次に、「解釈」には研究者個人の判断が加わります。例えば、「30%」という結果を、「30%もある」と解釈することもできますし、「30%しかない」

表Ⅱ-4-1 「分析の手続き」に含まれる項目の例

データの種類	調査データ(1次データ、2次データ)、インタビューデータ、観察データ、テキストデータ(政策文書、新聞記事等)など
データの収集方法	サンプリング方法(無作為抽出、層化抽出法、雪だるま式サンプリング等)、サンプルの概要(特性、ジェンダー比等)など
入力・クリーニング方法	ベリファイ入力の有無・方法、欠損値の取り扱い(リストワイズ除去法、多重代入法等)など
モデルの分析	具体的な分析手法とその概要(メリット、限界等)、分析に用いた統計プログラムとそのバージョンなど
分析結果	結果アウトプットの中から重要な項目や統計値を抜き出し、作表する(アウトプットの表をそのままコピーしないこと)

出典:筆者作成

と解釈することもできます。同じ分析結果でも、10人の研究者がいれば10通りの解釈があり得るわけです。そして「考察」は、「結果の解釈」をより広くその研究の文脈に位置づけなおし、研究全体の流れの中でその意味するところを検討したものです。また、図Ⅱ-4-3には挙げていませんが、研究テーマによっては、「考察」のあとに「提言」や「示唆」が続く場合もあるでしょう。

4. どこまで？——本文とテクニカルノートの違い

　これまで様々なポイントに言及してきましたが、これらすべてを、通常20分前後の発表時間内に押し込めるのはほぼ不可能です。「誰に」「何を」伝えたいのかを再考し、「どこまで」の内容を発表するのか、図Ⅱ-4-3の項目に強弱や濃淡をつけてみて下さい。「結果-解釈-考察」に重点を置くべき発表では、「計量モデル-式」や「分析の手続き」の口頭説明を省き、「お手元の資料をご覧ください」という一言で済ませる必要があるかも知れません。また逆に、「概念モデル-作業仮説-計量モデル」の説明を中心とした発表を組み立てる場合は、「結果-解釈-考察」を一枚のスライドにまとめてしまうなどの簡略化が必要になるかも知れません。学会や研究会でなされる発表は、進行中の研究の途中報告であることが多いと思います。そのときの自分の研究の進捗状況を見極め、すべてをだらだらと同じ重みで伝えようとするのではなく、「今回の発表では何を中心に伝えるのか」をよく考えて発表を組み立てていきましょう。

　口頭発表を構成する主な要素として、「口頭での説明（音声情報）、スライド（視覚情報）、配布資料（文字情報）」の3つがあります。特に配布資料についてはいくつかの種類が考えられます。代表的な配布資料はスライドのコピーでしょう。発表中に次々と変わってしまうスライドを、事前に印刷して配布すれば、オーディエンスはメモなどを取りながら発表を聞くことができますし、見逃してしまったスライドを後から確認しなおすこともできます。また、単にスライドをそのまま印刷するのではなく、発表の内容に沿ったレジュメを

用意することもあります。スライドの中でも特に強調したい点やキーワードを、レジュメ上に明示することで、オーディエンスの理解を促すことができます。レジュメではなく、論文の原稿のように文章化した配布資料を作成するという方法もあります。ある程度研究がまとまってきた段階であれば、研究内容を文章にまとめる練習にもなるでしょう。ただし、文章レジュメは発表を聞きながら読むのは困難なので、発表をサポートする資料ではなく、発表を聞いた後に内容をより詳しく知りたいオーディエンスのための資料と考えるべきでしょう。

これらの配布資料に加えて、計量研究の発表を行う場合、「テクニカルノート」をうまく活用するとよいでしょう。テクニカルノートは、論文や報告書などの巻末資料としても使われますが、これは、研究テーマの本流には直接関係しないけれど、知っておかなければ研究の内容理解に支障をきたす可能性がある、専門的な知識や技術的な内容の解説・補足を行うための資料です。例えば、「階層非線形分析」とはどのような分析なのか、この分析で計算されたモデル式はどのような式だったのか、スライドでは掲載しきれなかった分析結果の詳細はどうなっていたのか、あるいは口頭では詳しく説明できなかった専門用語の定義などをテクニカルノートに記載し、資料として配布することで、口頭説明を簡略化することができます。

5. おわりに——数値と笑顔で語りかけ、学ぼう

比較教育学における計量研究の口頭発表は容易ではありません。諸外国の教育を扱うこの分野の研究発表では、対象国の背景情報が不可欠であると同時に、計量研究である以上、統計学的な説明も軽視することができません。短い時間の中に多くの情報を伝えようとすると、「誰に」を考慮しない自己満足的な発表になってしまったり、「何を」伝えたいのかよく分からない説明になってしまったりしがちです。オーディエンスから読み取れないような小さな数字が並んだスライドを提示したり、専門用語ばかりの説明を早口で

行うようなことのないよう、常にオーディエンスの立場に立って、「一聴で概要が分かる」発表を心がけて下さい。

　学会や研究会の発表の場は、発表者にとっては絶好の学びの機会です。発表は、フィードバックを受け取るための投げかけであるとも言えます。自分の研究を介して、見ず知らずの研究者とも交流できるこの貴重な機会を十分に活かせるよう、自信をもって、笑顔で発表に臨みましょう。

注

1　個人や学校や地域など、異なるレベルの変数をひとつのモデル式の中で扱う統計分析の手法を階層分析と呼びます。階層分析の詳細は、Luke（2004）、小野寺ほか（2006）、Raudenbush & Bryk（2002）、Snijders & Bosker（2003）、米原（2013）を参考にしてください。

2　方法論の議論に関しては、King & Verba（1994）、Brady & Collier, D.（2004）、Goertz & Mahoney（2012）を参考にしてください。

参考文献

小野寺孝義・岩田昇・菱村豊・長谷川孝治・村山航（2006）『基礎から学ぶマルチレベルモデル：入り組んだ文脈から新たな理論を創出するための統計手法』ナカニシヤ出版

栗原真孝（2015）「日本における外国籍児童生徒を対象とする地方教育政策の実施状況」日本比較教育学会編『比較教育学研究』第50号、東信堂、pp.3-23

垂見裕子（2015）「香港・日本の小学校における親の学校との関わり：家庭背景、社会関係資本、学力の関連」日本比較教育学会編『比較教育学研究』第51号、東信堂、pp.129-150

米原あき（2013）「生活環境の階層性を考慮したニーズ・アセスメント・モデルに関する方法論的検討：タンザニアの初等学校学齢児童の識字能力開発を事例に」日本行動計量学会編『行動計量学』第40巻第2号、pp.123-134

Brady, H.E. & Collier, D.（2004）. *Rethinking social inquiry: Diverse tools, shared standards*. MD: Rowman & Littlefield publishers, Inc.（=（2008）『社会科学の方法論争：多様な分析道具と共通の基準』勁草書房）

Goertz, G. & Mahoney, J.（2012）. *A tale of two cultures: Qualitative and quantitative research in the social sciences*. NJ: Princeton Univ. press.（=（2015）『社会科学のパラダイム論争：2つの文化の物語』勁草書房）

King, Keohane, & Verba（1994）. *Designing social inquiry: Scientific inference in qualitative research*. NJ:

Princeton Univ. press.（=（2004）『社会科学のリサーチ・デザイン：定性的研究における科学的推論』勁草書房）

Luke, D.（2004）. *Multilevel modeling*. CA: Sage publications.

Raudenbush, S., & Bryk, A.（2002）. *Hierarchical linear models: Applications and data analysis methods*（*2nd ed.*）. CA: Sage publications.

Snijders, T., & Bosker, R.（2003）. *Multilevel analysis: An introduction to basic and advanced multilevel modeling*. CA: Sage publications.

第5章　定性的研究のプレゼンテーション・スキル

乾　美紀（兵庫県立大学）

1. はじめに

　本章の目的は、フィールドワークで得られた研究成果をどのように発表すればよいか、その方法について、筆者のこれまでの経験および専門書による知見を基に記すことです。

　特に本章では、①発表をどのように構成し、準備を進めていくのか、②発表に際してどのように工夫すると分かりやすいか、の2点について、実際に筆者が用いた発表資料を引用しながら論述を進めていきます。

　とてつもなく長い時間と高い経費をかけて行ったフィールドワークを限られた時間でどのように聴衆に伝えることができるか、このことは研究者を志す皆さんや長年フィールドワークを重ねてきた研究者にとっても、大きな関心事です。この際、筆者も初心に返って皆さんと一緒に考え直していくことにします。

2. 発表の構成をどう考えるか

1) 発表のスタート：ポイントを絞り、客観性を心掛ける

　まず、発表の構成をどのようにすればよいか考えてみましょう。どのような発表でもそうですが、言うまでもなく「導入・本論・結論方式」は、欠かせません。ウォルターズ・ウォルターズ（2003）が、この手法が頻繁に使われ

るのは、プレゼンテーションを論理的にうまくいかせるためと述べているように、導入・本論・結論を確立することで非常に分かりやすい流れを作ることができます。

　発表の構成は、論文を執筆する時のように、研究の背景や状況、研究の目的、先行研究、研究の方法、研究結果、考察という順序で進めるとまず問題はないでしょう。これらの項目について、バランス良くストーリー性を考えながら、展開していくことが質の高い発表を成功させることにつながります。

　発表は、「研究の背景や状況」を明記し、問題の所在を含めた現状説明から入るとインパクトがあります。まず、状況を説明する部分では、その場所でどのように問題が生じているか理解を促すために必要な情報を提供します（Reinheart, 2013）。

　何がきっかけで問題意識を持ったか、その問題がどの程度深刻なのかについて、自分のフィールドの経験から話し始めると聴衆の心を惹き付けるでしょう。ただし、問題と捉えた実際の状況については、問題とする現実（中途退学の多さ、学力テストの低さなど）を統計データで示すことが必要です。このことにより、問題が発表者自身の主観的な見解でないことを示すことができるからです。フィールドワークは、どうしても主観的になりやすいため、現存するデータによって客観性を持たせることを心がけましょう。

　客観的に立証された問題が設定できたら、「研究目的」の設定に入ります。本章で事例とする研究発表のタイトルは、『支援ネットワークがもたらす村人の教育意識の変化〜ラオス教育支援団体の比較研究の試み〜』です[1]。研究課題を解き明かすために、何をどこまで明らかにするのか、研究の背景の説明から流れるような展開に持ち込むとよいでしょう。研究の目的を記すスライド作成の要領は、できるだけポイントを絞り、簡潔な文章で記述すると、インパクトを与えることができます（**図Ⅱ-5-1**参照）。

図Ⅱ-5-1　研究の目的の提示

　次に、「先行研究」の紹介についても、要点を押さえながら簡潔に整理することが必要です。研究テーマに関して、既にどのような研究がなされているか、自分が行う研究はこれまでの研究とどのように違うのかについて、オリジナリティを表現できれば、発表が順調に進む第一歩を踏み出すことができるでしょう。先行研究の紹介は、長文を並べがちですが、長い文章で説明しがちなところを省略し、後は発表の時に口頭で補えばよいでしょう。たとえば、図Ⅱ-5-2 の下の枠内は文字を 2 行に限定していますが、話す時は「ラオスで筆者が観察する限り、CSR は寄付型を多く見かけます。しかし、実際の貢献度はどうでしょう？これまでの研究では 750 以上の事例を分析するような定量的な研究が行われてきました。本研究では、現地ステークホルダー中心の調査を実施することにしました。」と言葉を補って説明しています。

2) 方法論の展開：オリジナリティを示す

　発表のスタートはうまく行きました。その後、どのように展開していったらよいでしょうか。発表にオリジナリティを出せるのは、方法、結果の提示

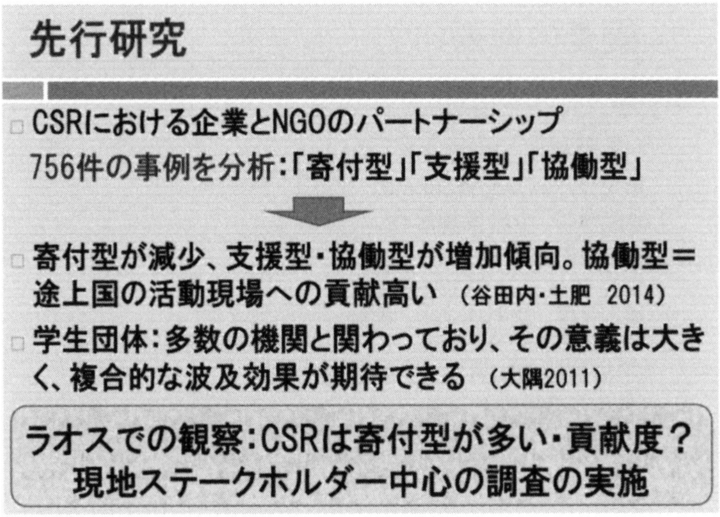

先行研究

- CSRにおける企業とNGOのパートナーシップ
  756件の事例を分析:「寄付型」「支援型」「協働型」

  ⬇

- 寄付型が減少、支援型・協働型が増加傾向。協働型＝途上国の活動現場への貢献高い（谷田内・土肥 2014）
- 学生団体：多数の機関と関わっており、その意義は大きく、複合的な波及効果が期待できる（大隅2011）

ラオスでの観察：CSRは寄付型が多い・貢献度？
現地ステークホルダー中心の調査の実施

図Ⅱ-5-2　先行研究の提示

の部分です。

　フィールドワークの方法論の説明は、発表の中で重要な部分を占めるいわばキーポイントです。調査方法のスライドは2枚あれば十分です。1枚のスライドには、調査地の地図を含む概要、研究テーマにおける調査地の重要性(当該調査地を選んだ理由)、発表者と調査地の関わりを簡潔に記しておくと、発表の展開が分かりやすく伝わるでしょうし、聴衆も興味を持ちます(図Ⅱ-5-3参照)。特に発表者と調査地の関わりについて伝えると、聴衆は関与の高さについて想像することができます。スライドには記入できませんでしたが、筆者はラオスに教育支援を行う国際協力学生団体の顧問をしています。このことも口頭で補い、具体的な説明を始めます。

　2枚目のスライドには、調査方法(その方法に関する簡単な説明)、調査日程、調査場所の詳細、調査項目をコンパクトに整理して示すと聴衆に伝わりやすいです(図Ⅱ-5-4参照)。その際、情報を表で示す、掲載許可を得た現地の写真を入れるなどの工夫を添えると見やすいうえ、現地の様子をさらに知りた

調査の概要（1）

ルアンパバン：旧都
人口 約6万人（郡の人口）

- ルアンパバン北約60kmの山岳地帯、少数民族居住地域の2つの村。
- 学生団体が小学校を建設。年に2度、訪れており、関係性ができている。
（学校建設の出資は、学生団体と村で折半）

図Ⅱ-5-3　調査方法の提示①

調査の概要（2）

	ホエイカン村	ホエイペン村
方法	教員、村長、村人、保護者、教育局スタッフ フォーカスグループインタビュー（各村5名ずつ）（個人インタビューと比較し、自然で幅広いデータの取得が可能）	
日時	2015年8月22日（土）	2015年8月20日（木）
場所	ホエイカン小学校（村：313人、64世帯）	ホエイペン小学校（村：717人、146世帯）
質問項目	①学校建設後の教育意識の変化（教育意識向上のポイント）②企業と学生団体のかかわりの違い	

図Ⅱ-5-4　調査方法の提示②

いという好奇心が掻き立てられるでしょう。

　ここまで読んでお分かりと思いますが、常に聴衆の視点に立ったプレゼンを計画することが、質の高さにつながります。学会や研究会では、同じ部会で似たテーマの発表が続くことがありますので、他の発表と差をつけるためには、いかに自分の発表にオリジナリティがあるか、主張することに重きを置いてください。

3. 情報をどう取捨選択するか

1) 結果データを絞ることの重要性

　目的、方法、結果と順調に進めたものの、陥りやすいのは、結果の整理で行き詰ることです。フィールドワークの発表は、現地で得た多量の情報を提示するため、結果の部分が多くなりがちだからです。

　フィールドワーカーは通常何カ月も、時には何年も現地に滞在し、苦労しながら情報を入手します。筆者も、「これ以上は道が悪すぎてTuk Tuk（三輪タクシー）で登れない」と言われ、降ろされたラオスの山の中で、途方に暮れながら調査対象を探したことがありました。インタビューに成功した時は、全ての結果を掲載したいと強く思いました。あなたも、調査対象からの興味深い回答、やっと許可を得て訪問できた場所の参与観察の結果など、フィールドで得た結果を全て発表したいと思うに違いありません。しかしながら、発表の時間は限られているため、情報の取捨選択は避けられないのです。過剰なデータを提示しすぎ、情報過多になると、必ずストーリーがぶれてしまいます。

　大切なことは、「いったい私は何を明らかにしたかったのか」、つまり研究の目的について、何度も振り返りながら結果を整理していくことです。この時のポイントは、溢れる結果データの中で、研究の目的を明らかにできた部分だけに絞り、そこをメインに発表すればよいのです。限られた時間に多くの情報を一方的に話すことは避け、常に聴衆の立場に立って、分かりやすい

2) 誰もが知りたい分析の方法

　発表にオリジナリティをもたらすには分析と結果の提示の部分で差をつけることです。たとえフィールドワークの発表でも、アカデミックな分析方法を欠いてはなりません。情報過多になりがちなフィールドワークの発表では、つい先を急ぎがちになりますが、もっとも避けたいのは、分析方法を説明しないことです。

　学会や研究会で発表を聞いていると、調査で得た生データを全てスライドに書き入れているのを見かけます。確かに調査対象の生の声を示したくなる気持ちは理解できるのですが、データを全て見せることは、分析ができていない状況を示すことになります。

　質の高い発表を行うためには、どのような分析手法でデータを分析したか、結果がどうであったかを、明確な形で提示することが求められます。その際、

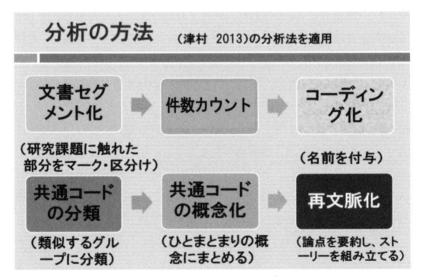

図Ⅱ-5-5　分析方法の提示[2]

参考にした分析方法の出典を明示するなど、丁寧に情報を掲載することも覚えておきたいです。たとえば定性的コーディングを行った場合は、図Ⅱ-5-5のように出典をもとに記すと理解してもらいやすいです。

3) アカデミックな結果の見せ方

　恐らく多くの研究者が悩むのがデータの見せ方でしょう。たとえ多くの人にインタビューしたとしても、全ての回答を発表するわけにはいかないですし、それでは聴衆も退屈します。前述したように、インタビュー結果をどのように分析し、どのような結果が得られたか、限られたエビデンスに基づいて表現できれば十分です。

　もし、どうしても調査対象が発したインタビューの回答をそのまま掲載したいのであれば、その数を限定し、研究の目的に触れた重要な言葉だけに絞って掲載するとよいでしょう。論文に掲載する時も同様です[3]。フィールドワークはその手法からして結果の提示も主観的になりがちですので、客観的な分析方法およびインタビュー回答の提示により結果を得たことを確認しながら進めると説得力が高まります。

　コーディングを行った場合、どのような分析結果となり、どのように考察に導くことになったか、エビデンスをもとに説明できるとさらに良いでしょう。図Ⅱ-5-6に表す調査結果は、質問項目の一つであった「村人の教育意識がどう変わったか」の回答について、教育意識の向上に触れた言葉をコーディング化したものです。これを1枚のスライドに収めるには文字数が小さかったため、別紙をつけるなどして対応することもできたと反省しています。

　数多く得たデータから取捨選択を行い、調査結果と強く関連するデータのみ表示することは至難の業です。発表は時間との闘いですので、いかに限られた時間に重要なエビデンスを表示するかを気に掛けながら、結果を整理することに尽力しなければなりません。

大分類		中分類		小分類	
1. 環境の改善 11件 (28%)				教育意識向上のポイント	
(1)快適なインフラ 11件 (28%)				快適 (2) きれい (2) 気持がよい (2) 嬉しい (3) 便利 (1) 近い (1)	
2. 当事者のやる気向上 17件(45%)					
(1)モチベーションの高まり 7件(18%)				①親が学校へ行かせるようになる (3) ②子どもが学校へ行きたいと思う (2) ③教員が学校へ行くように呼びかける (2)	
(2)責任感の向上 6件(16%)				①どうすれば子どもがよく勉強するのか考える (2) ②学校の質を上げる (1) ③教育に対してしっかり考える (1) ④教員、村人、子どもで学校を守る (1) ⑤村人、教員、村長が協力する (1)	
(3)頻繁なコミュニケーション 4件(11%)				①教育局スタッフが学校に来る頻度が増えた (1) ②学校がきれいに保たれているか確認する (1) ③連絡頻度が増え月に2回電話する (1) ④教員を指導する人を学校へ送る	
3. 質と量の改善 8件(21%)					
(1)教育アクセスの拡大 5件(13%)				①学校へ行けなかった子ども行くことができる (4) ②幼稚園ができ、4歳以下も教育を受けれる (1)	
(2)留年、中退の減少 進学率の向上 (3) (8%)				①留年・中退が減った (2) ②進学率100% (1)	
4. 自主的取組み (2) (6%)					
(4)自主的取組み (2) (6%)				①外で子どもが本を読む場所を作ろうとする (1) ②幼稚園をつくる (1)	

図Ⅱ-5-6 分析から結果を導く

4) 分かりやすい考察の書き方

　成功するプレゼンに導くためには、自分が発見した現象、傾向、について最後に整理してまとめるとよいでしょう。本章で紹介している筆者の発表は、①ラオスに教育支援を行う団体がどのようにネットワークを形成して学校建設を行っているか、そのプロセスを明らかにする。②企業と学生団体では、現地住民との関わり方がどう違うか、その違いがどのような効果をもたらしているかを明らかにすることでした。このように、比較を主体とした研究テーマを考察に導いていく場合、発表では文章だけではなく、**図Ⅱ-5-7**に示すように表を用いて考察の見せ方を工夫すると分かりやすいでしょう。

　Rendel-Short (2006) が指摘するように、ビジュアルな資料を発表に組み込むためには見やすさも大切ですが、発表者が聴衆に資料を見るように働きかけることも大切です。しかしながらあまりにも見せ方にこだわると発表の内容

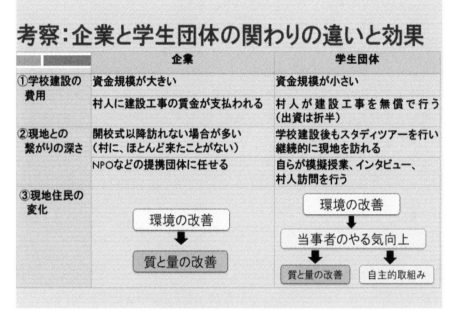

図Ⅱ-5-7　表による結果提示

自体が陳腐化する恐れもあるので、気を付けながら進めて下さい。

4. 発表に向けての様々な工夫

1) テクニカルスキルの向上

　日本比較教育学会では発表時間が 20 分間、質疑応答が 10 分間です。発表の中にはスライドの枚数が非常に多いものもありますが、筆者の場合、1 分 1 枚程度とし、落ち着いて理解してもらえるよう心掛けており、20 枚程度を目安としています。学会で発表を聞いていると、小さな文字で埋め尽くされたスライドや、30 〜 40 枚あるスライドを数十秒ごとに切り替えて示すケースがありますが、読みづらく聞きづらい印象を持ちます。埋め尽くされた文字を読むだけでは、何のためのスライドか分かりませんので、詳細な情報は

レジュメなどの資料にしたほうがよいでしょう。

　発表の時間を守ることは、ひとつの重要なスキルでありマナーです。発表の終了時間より早く終わりすぎることや時間を大幅にオーバーすることは避けたいです。筆者は、準備をする時に、それぞれ「目的」「方法」「結果」「考察」のスライドを何分で終わらせるか余裕を見て計画をしています。発表経験が少ない大学院生は、何度も練習し、セリフを覚え込むまで準備をしておくとよいでしょう。

　ポイントは1枚1枚を丹精込めて作成することです。これまで述べたように、できるだけ文章を少なくし短文やキーワードで仕上げたり、文字のフォントを大きくしたりすると見やすいです。筆者はフォントを30以上にするように心掛け、見やすい色使いや配置を工夫しています。

2) 発表の態度を考えよう

　原稿を読まずにパワーポイントを見ながら話すと、明確に聞きやすいですし、聴衆の注目を得ることができます。原稿の棒読みは聴衆を退屈させるだけですので、目線をスライドと聴衆を往復させることに集中し、常に聴衆とアイコンタクトを意識するとよいでしょう。よく、発表中にどこを見てよいか分からないという質問を受けますが、その時は会場全体を見まわしてみて下さい。あなたの発表をうなずきながら聞いてくれている人が2、3名いるはずですので、その人たちに交互に目を合わせて自信を持ちましょう。

　自信に満ちた発表を聞くほど、聴衆は安心します。前述した、スライドの見せ方に留意し、話し方についても常に気を付ければ、聴衆を魅了することができるでしょう。

　原稿を棒読みせず、自分の言葉で発表すると、聴衆の理解が深まります。コツは、「このスライドの文字を見れば、話せる」という言葉をスライドに並べておくことです。筆者はよく、重要なキーワードや最も主張したい結果などを、スライドに強調して書いておきます。スマートアートや吹き出しを使ったりして分かりやすく伝えることも試しましょう。

図Ⅱ-5-8　テクニカルなポイントとは

　最後になりますが、フィールドワークのプレゼンの醍醐味は、現地の様子を伝えることです。発表内容だけで精一杯かもしれませんが、自分にしか言えないエピソードを盛り込むと今まで下を向いてレジュメを読んでいた聴衆が前を向いてくれます。学会では数ある部会の中から自分の発表を聞きにきてくれたこと、研究会ではわざわざ時間を割いて自分の発表を聞きに来てくれたことに感謝しながら、発表することを心掛けたいです。

　最後に確認しておくべきことは、本章の冒頭で述べたように「導入・本論・結論方式」が達成できているか、振り返ってみることです。

　図Ⅱ-5-9に示すように、何度も研究目的に立ち返りながら論点を絞っていく作業を行ってください。またフィールドワークは結果記述が多くなりがちであることに重ね重ね留意し、発表内容のバランスを熟考して下さい。考察では、先行研究を振り返りながら、先行研究と違ってどのような結果が得られたか、独自の発見は何だったかについて整理してまとめるとよいでしょう。アカデミックな議論を常に欠かさない形で発表を終えることが大切です。

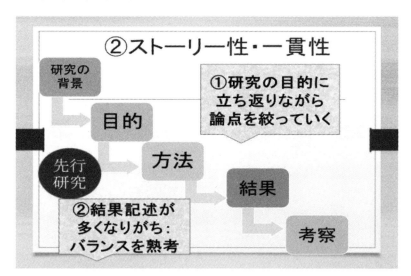

図Ⅱ-5-9　振り返りの大切さ

5. おわりに

　これまで、フィールドワークの研究発表をいかに分かりやすく、整理して準備できるかについて述べてきました。実は筆者自身、このことに関する講義を受けたことはなく、これまでの経験と知見に頼って原稿を進めてきたため、さらにいい方法があるかもしれません。他の発表を参考に、自分のスタイルを確立することも研究者としての一つのスキルです。

　最後になりますが、何回も繰り返し訪れたフィールドで収集したデータを分析するのも、それを発表するもあなたです。ぜひ、自分のフィールドの素晴らしさ、あなたしか知り得ない現地の調査の結果について、自信を持って堂々と発表ができるようにすれば、発表は必ずうまくいくでしょう。

注

1　乾美紀（2016）『支援ネットワークがもたらす村人の教育意識の変化―ラオス教育支援団体の比較研究の試み―』日本比較教育学会第52回大会発表資料より。

なお当該研究発表は以下に掲載。乾　美紀・橋本若奈 (2017)「教育支援がもたらす村人の教育意識の変化―ラオス支援学生団体と企業の比較研究―」『環境人間学研究報告』第 19 号、pp.103-118、兵庫県立大学環境人間学部。
2　語句の説明や分析方法は以下の出典を参照。津村公博 (2013)「デカセギ第二世代の市民性形成への萌芽」松尾知明編著『多文化教育をデザインする―移民時代のモデル構築―』勁草書房。
3　インタビュー回答の掲載例については、乾・橋本 (2017) の他に以下を参照。拙稿 (2013)「進学問題と教育支援―ニューカマー児童・生徒の場合」黒澤満編著『国際共生とは何か―』東信堂。

参考文献

ウォルターズ・ウォルターズ (小林ひろみ・小林めぐみ訳) (2003)『アカデミック・プレゼンテーション』朝倉書店

Reinhart, S., M.（2013）, Giving Academic Presentations, University of Michigan Press.

Rendle-Short, J.（2006）,The Academic Presentation: Situated Talk in Action, Ashgate Publishing.

第6章　英語によるプレゼンテーション・スキル

北村友人（東京大学）

1. はじめに——なぜ比較教育学の研究を英語で発表するのか

　本書では、比較教育学の研究を行うにあたり、どのようなアカデミック・スキルが必要であるかということについて、ここまでの各章の執筆者たちがさまざまな角度から論じてきました。したがって、ここまで読み進めてこられた方々は、比較教育研究を行ううえで最低限身につけていることが望ましいと考えられる知識やスキルについて、すでにそれなりの理解をされているでしょう。そのうえで、読者の皆さんに尋ねたいのが、それぞれの関心にもとづき比較教育研究を行ったら、その次は何をしたい（あるいは、するべき）であると考えるだろうか、ということです。おそらく、そのようにして得られた研究成果を世の中に発表し、一人でも多くの人に自らの研究を知って欲しいと考えるのではないでしょうか。

　とりわけ、比較教育研究においては、世界のさまざまな国で起こっている（あるいは、これまでに起こってきた）教育の諸現象を研究対象として扱っているため、その研究成果に関心を寄せる人々は、日本国内だけに留まるとは限りません。そこで必要になってくることが、自らの研究成果を国際的な場や媒体で広く発信するということです。その方法は多様であり、この小論で網羅的に論じることは不可能です。そのため、本章では、今日の学術の世界で国際的な共通言語の地位を確立していると考えられる「英語」を用いて、国際学会などで研究成果を発表することに焦点をしぼり、そうした国際的な研

究成果の発信に際してどのようなことに留意すべきかについて、筆者の私見を紹介します。

　なお、本章では、とくに比較教育研究者が英語でプレゼンテーション（以下、プレゼン）を行う際に意識した方が良いと考える留意点について主に論じると共に、プレゼンの素材作りにおける技術などにも多少は触れる予定です。しかしながら、そうした技術（＝テクニック、ノウハウ、ハウツー、等）については、すでに多くの書籍が刊行されているため、詳細はそれらをご参照ください。筆者もそうした書籍を何冊も手にとってみましたが、その多くが理系の研究者向けに書かれているため、必ずしも比較教育研究者にとっては当てはまらないような指摘も散見されます。ただ、それと同時に、英語でプレゼンを行う上で「使える」技術も豊富にみつけることができました。そうした数多ある類書のなかで、筆者は Langham (2007) や Hawke and Whittier (2011) などが、比較的使い勝手の良い指南書であると考えましたので、興味のある方は参考にされてはいかがでしょうか。

2. 比較教育研究者にとっての英語

　理論物理学者の朝永振一郎は、「自然科学と外国語」という小文のなかで次のように語っています。「自然科学をやる者にとって外国語は必要である。そのためには読み書きだけではなく、とっさの間に自分の言いたいことをすぐ言い表すことができる、ということが必要である。その上に別の面として、外国語の訓練は理論的に明確に考える習慣をつける点で自然科学を学ぶ上に重要である」（朝永 2000: 117-118）。ここでは「自然科学」と限定していますが、グローバル化が進展している今日の学術の世界では、いずれの分野・領域であっても基本的に朝永の指摘は当てはまると考えます。そして、もちろん比較教育学においてもその例外ではありません。

　英語でプレゼンを行うということは、先述のように国境を越えて自らの研究成果を広く発信するという意味で重要なことです。しかし、それ以上に重

要なことは、母語（＝本書の読者にとっては基本的に日本語でしょう）とは異なる「外国語（＝ここでは英語）」でプレゼンテーションを行う準備をし、実際に発表し、質疑応答を行うという一連のプロセスを何度も経験することによって、自らの研究についてより論理的かつ明確に考える習慣を身につけることです。なぜなら、母語を用いていた際には曖昧なままで済ますことのできた説明も、表現力などに制約のある外国語を用いる際には、より丁寧に筋道立てて説明しなければ、意味の通った文章を作ることができないからです。

　不自由さを伴う外国語をあえて使用することの利点は、こうした論理的な思考を習慣化することにあります。しかし、比較教育研究者にとっての利点は、それだけではありません。比較教育学における主要な理論や概念は、多少の例外があるとはいえ、主に英語圏で発展してきたと言って差し支えないでしょう。そうした営みを支えてきたのが、国際学術誌（*Comparative Education Review*、*Compare*、*Comparative Education*、*International Review of Education* 等）や国際学術出版社（Oxford University Press をはじめとする大学出版会、Springer、Routledge、Palgrave Macmillan 等）が刊行する書籍などであり、これらは基本的に英語で書かれた出版物です。さらに、比較教育学の国際的な研究拠点となっている大学の多くは、英語圏に所在しています（たとえば Teachers College at Columbia University、Institute of Education at UCL、Stanford University、UCLA、The University of Hong Kong［中国語との併用］などが挙げられます）。このように、英語圏を中心として比較教育学の国際的な学術アリーナが形成されているなか、自らの研究成果を英語で発信することは、それだけ多くの比較教育研究者たちにその成果を伝えることを可能にします。

　ただし、比較教育学では、多くの研究者たちが研究対象とする社会で用いられている言語を習得することから研究者としてのトレーニングを始めるため、研究上の最も重要な外国語が英語ではない研究者たちも多いことを忘れてはなりません。比較教育研究者たちは、研究対象の国や社会で使用されている言語の習得を通して、その国や社会における基本的なモノの考え方や見方を理解しようとしています。そうした観点からみると、英語中心であった

り欧米主導であったりする比較教育学の潮流に対して、疑問を抱いている者も少なくないと思われます。筆者もこうした考え方には大いに共感を覚えますし、非英語圏において積み重ねられている比較教育学の豊かな言説を、英語中心であったり、欧米中心である言説への対抗的な言説として提示することの重要性を強く感じています。

それと同時に、とりわけ日本の比較教育研究者たちによってさまざまな国や社会の教育について非常に興味深い研究が積み重ねられているにもかかわらず、その大部分が日本語のみで書かれ、日本語のみで発表されているため、世界中にいる比較教育研究者たちの多くに伝わっていないことは、非常に残念なことです。そこで、本章は、ささやかな小論に過ぎませんが、少しでも多くの日本の比較教育研究者が国際的な研究成果の発信に挑戦していく手がかりとなることを願っています。

3. プレゼンテーションに際しての留意点

前節では、比較教育研究者にとって英語でプレゼンを行うということが、どのような意味をもつのかについて考えてみました。そこで、本節では、実際に国際学会などで研究発表を行う際に留意すべきことを、具体的に述べてみます。

これまでほとんど英語で研究発表を行った経験のない人や、自らの英語力に不安を感じている人は、おそらく発表のための原稿を執筆することから始めるでしょう。また、何度か英語で発表を行ったことがあり、英語力にも特段の不安を感じていない人は、Microsoft PowerPointなどのプレゼンテーション・ツールを用いて発表資料(=スライド原稿)を作成し、基本的にはそれを参照しながら自由に話すスタイルをとるかもしれません。もちろん、発表原稿を執筆したうえで、発表資料を作成するという人もいると思います。いずれのスタイルを採用するにしても、英語でプレゼを行う際に留意すべきことは、基本的に共通しています。(なお、ここで挙げるポイントの多くは、何語

であれ研究発表を行う際の基本的な留意点であり、当然、日本語で研究発表をする際にも当てはまるものが少なくありません。）

(1) **自らの研究を通して聴衆に伝えたい「メッセージ」を明確にし、それを伝えるための「物語（＝ストーリー）」を練り上げる**。そのためには、発表の冒頭で研究の目的やリサーチ・クエスチョンを分かりやすく提示し、発表の最後には結論をきちんと強調することが肝要です。場合によっては、発表の冒頭で結論も提示してしまい、自らの伝えたいことを明確にしたうえで、聴衆に研究の詳細について説明するというスタイルも効果的です。

(2) **日本（あるいは、あなた）の「常識」は、世界（あるいは、他者）の「常識」ではない**。とくに大学で若手研究者の指導をしているなかで感じることなのですが、たとえば日本の学術研究のなかで当たり前のように認識されている教育の制度・言説・現象などについて、あたかも海外の聴衆もそれを知っていて当然のように語ってしまう傾向がみられます。自分の語る内容が、その分野の専門知識を十分に有していない人に理解できるかどうか、常に意識しながら研究発表の内容を練り上げることが必要です。とりわけ、比較教育学という多様な国や社会を対象に研究が進められている分野においては、学会に参加している人たちがあなたの語る内容についてはあまり予備知識を有していない可能性が大いにあることを忘れないでください。（それと同時に、当然、あなたの分野の専門家たちも聴衆にいるわけですから、こういった人たちの知的好奇心に応えるような発表である必要もあり、発表内容の「さじ加減」が難しいのですが……。）

(3) **「自分の知っていることを話す」という原則を忘れない**。英語力に不安を覚える人は、自分が十分に理解していることだけを話すように心がければ、何も怖がる必要はありません。これまでに参加した国際学会などで筆者は、発表者が自分で十分に理解していないことを話してしまい、語学力の制約もあり上手く話を繋いでいくことができず、立ち往生する

といった場面を、少なからず目にしてきました。原稿を読むスタイルの発表のときは大丈夫でしょうが、発表後の質疑応答の際にそういったことが生じるケースもあります。そういったときは、あまり無理して話を繋ごうとするよりは、自分が十分に理解していないことについては、「分からない」と言ってしまう方が、実は質問している側の方も納得するケースが多いと思います。

(4) **英語でのプレゼンは、英語の試験ではない**。すなわち、聴衆が関心をもっているのは、あなたが話す研究の内容であり、あなたの英語力ではありません。したがって、少々の文法の誤りは気にせず、あなたの研究成果をアピールすることが大事です。とはいえ、あまりに文法的な間違いが多すぎると、聴きづらくなる可能性もあるため、それを避けるためにできるだけシンプルで分かりやすい表現を使用することが大切です。実は、このことを考えるうえで、前期の留意点が重要な意味をもっています。つまり、自分の知っていることだけを話すように心がけていれば、どのように説明すればその内容を他者に理解してもらえるだろうかということに気を配るために必要な心の余裕が生まれるはずです。

(5) **研究発表の基本的なルールを意識する**。すなわち、聴衆に自分の伝えたい内容を理解してもらえるように、聴いてくれている人たちの目をみて話すといったことや、時間配分を適切に考え、発表時間内に必ず発表を終えるといったことです。当たり前のように思えるでしょうが、自信のない言語で話すときこそ、聴衆に訴えかける姿勢が必要ですし、流暢に話せないということは、日本語で発表するときよりも時間がかかるため、発表の内容を絞り込むことが欠かせないのです。

(6) **発表資料(＝スライド原稿等)の作成にあたっては、自分なりの基本原則を明確にする**。たとえば、かつて筆者が国連機関のユネスコに勤務していたころ、国際会議の資料作りの際に当時の上司から煩いぐらいに言われたのが、「1 スライド・1 分 (1 slide for 1 minute)」「7 単語 (7 words)・7 行 (7 lines)」といった自分なりの基本原則を守ることでした。つまり、発表時

間が 20 分であればスライドは最高で 20 枚まで（とはいえ、自己紹介などをする時間を考慮すると、実際には 16〜17 枚程度）。そして、1 枚のスライドには、1 行に 7 単語まで、そして 7 行までしか書かない、といったような原則を自分で定め、それを徹底するのです。

　この単語数や行数については異なる考え方もあると思うので、必ずしもここで挙げた例にこだわる必要はありませんが、いずれにしても、自分のなかで基本原則を明確にしておくことが大切なのです。こうした原則を設けることで、適切な時間配分や発表時間の厳守といったことが可能になるとともに、話す内容を本当に大切で、自分が十分に理解していることだけに絞り込むことができるはずです。さらに付言すれば、図表を効果的に活用して、言葉だけでなく視覚に訴えかけることは、外国語で発表する際の基本的な方略であることは自明のことでしょう。

　ここで挙げた以外にも、自らの発表スタイルを確立するために必要なポイントを、読者諸賢でそれぞれ検討されることをお勧めします。なお、これらのポイントを押さえて発表に臨めば、それなりにスムーズなプレゼンが可能になるでしょう。しかし、とくに英語力に不安を覚えている方々の多くは、プレゼンよりもその後の質疑応答の方が気になるかもしれません。「何か質問されても、それを聞き取ることができなかったらどうしよう……」とか、「質問やコメントに対して上手く回答できなかったら恥ずかしいな……」といった不安を感じるのは、当たり前のことです。これは、何も英語力に不安のある人たちだけの問題ではなく、自分を例に挙げて恐縮ですが、ほぼ毎月のように国際会議等で英語によるプレゼンを行っている筆者も、プレゼン前には同様の不安をいつも感じています。

　こういった不安にどのように対処するのかということは、極論を言ってしまえば「慣れ」しかないのでしょうが、それでもいくつかできることはあるように思われます。そのなかで最も大切なことは、「自分の知っていることを話す」という原則です。ただ、そもそも聴衆からの質問やコメントの意図

を十分に汲み取れなかったときは、「*Would you elaborate?*（もう少し詳しく説明してもらえませんか?）」といったフレーズで切り返すことも一手です。ここで大切なことは、相手の質問やコメントを理解できなかったときに、その責任が自分の語学力にあると思って諦めてしまうのではなく、むしろ相手に自分が理解できるようにもう一度話してもらうようにお願いすることです。そうすることで、相手はもう少し噛み砕いて質問やコメントの意図を説明してくれるでしょうし、それを聞きながら相手の意図を理解するための時間的な余裕を自分はもつことができるはずです。

　このような観点からみたとき、筆者が最も気になるフレーズは、「*I can't speak English.*」や「*I don't understand.*」といったものです。前者は、すでに英語を話しているので明らかな自己矛盾であり、後者のような断定的な物言いは、相手に失礼な印象を与えてしまう危険があります。そういった意味で、多少長めのフレーズにはなりますが、「*I may not fully understand what you said, but as far as I understand, I think*…（あなたのご指摘を私は十分に理解してはいないかもしれませんが、少なくとも私が理解した範囲では……であると私は考えます）」といった表現を用いることによって、可能な範囲で構わないのですから「自分の知っていることを話す」ようにしてみてはどうでしょうか。

　ここで筆者が最も伝えたかったことは、外国語であれ日本語であれ研究発表をする際には「学問的な正直さと誠実さ（academic honesty and integrity）」を大切にすることの重要性です。分からないときは正直に「分からない」と伝えたうえで、少なくとも自分の「分かる」ことを丁寧に説明する態度は、多くの聴衆に好感を抱かせるはずです。

4. プレゼンテーションをさらなる国際的な研究発信へ繋げる

　ここまで、英語によるプレゼンの心構えやプレゼン準備のための基本原則などについて述べてきました。日本の比較教育研究者たちがそういったプレゼンを行う主な場としては、日本比較教育学会の年次大会における英語部会

や海外の関連学会（北米比較国際教育学会（CIES）、英国国際比較教育学会（BAICE）、アジア比較教育学会（CESA）、世界比較教育学会（WCCES）等）を挙げることができます。これらの場ではすでに多くの日本の比較教育研究者たちが活発な研究成果の発信を行っていますが、せっかく英語でプレゼンをするのであれば、そこからさらに一歩進めることも考えてみましょう。そのための方策として、以下のようなことをぜひ積極的に検討してみてはいかがでしょうか。

(1) **国際的な学術ネットワークへの参加**。たとえば、CIES には Special Interest Groups（SIG）というネットワークが構築されています。これは、ジェンダー、開発、アフリカ、高等教育などさまざまなテーマ別に、研究関心を共有する人たちがネットワークを形成し、年次大会の場で意見交換などを行ったり、研究集会やシンポジウムなどを開催しています。自らの研究関心と近い研究者たちと出会うことのできる貴重な場ですから、CIES の年次大会で研究発表をするのであれば、ぜひ SIG にも参加することをお勧めします。

(2) **国際共同研究との出会い、あるいは創出**。国際学会で研究発表をしたり、(1) のようなネットワークに参加すると、研究関心の近い海外の研究者たちと交流が始まるでしょう。そうした交流をしていくなかで、すでに行われている国際共同研究に参加したり、科学研究費補助金などの研究資金を申請することで自ら国際共同研究を立ち上げたりといったことに、積極的に挑戦していってはどうでしょうか。そういった国際共同研究の成果にもとづき、国際学会でパネル・セッションを企画するのも一案でしょう。

(3) **国際的な学術誌への投稿**。せっかく英語でプレゼンをしたのであれば、その研究成果をやはり国際的な学術誌（ジャーナル）に投稿することを強くお勧めします。比較育学の主要なジャーナルとしては先述の 4 誌などが挙げられますが、それ以外にも現在は多くのジャーナルが刊行されています。それぞれ権威や採択の難易度に差はありますが、まずは先述の

ような大手の国際学術出版社が刊行しているジャーナルに投稿してみてはいかがでしょう。

　きちんとしたジャーナルであれば、査読が丁寧になされ、かなり長文にわたるフィードバックを得ることができます。それらの査読コメントにもとづき論文を修正して再提出すると、再査読のコメントが返ってくることも、しばしばです。こうした査読のプロセスは「教育的」な要素をもっており、自らの研究を深化させていくうえで非常に勉強になることが多いと言えます。なお、英国国際比較教育学会（BAICE）の年次大会では、同学会の紀要である *Compare* の編集者などによるワークショップが開かれ、とくに若手研究者たちが同誌に投稿する際に留意すべき点などについて解説するとともに、参加者たちの論文に対する添削指導などを行っています。実際に、日本人の若手の比較教育研究者たちのなかにも、このワークショップを手がかりとして *Compare* に論文が掲載された人たちがいることを、付記しておきます。

(4) **国際的な出版企画への参加**。国際的な研究者ネットワークが広がり、国際共同研究に参加したり、国際的なジャーナルに論文を投稿したりしているうちに、それらの成果を書籍としてまとまった形で出版するという機会が生まれたりしてくるでしょう。最初は分担執筆者という形で誰かが立てた出版企画に参加することから始める場合が多いと思いますが、そうした経験を積み重ねていくなかで、ぜひ自ら出版企画を立て、編者として国際的な研究チームをリードしていくことにも挑戦してみてください。自分一人では難しいと思う場合は、仲間を募り、共編著という形で出版企画を立てれば、ハードルは少し低くなるのではないでしょうか。

　国際学術出版社の編集者たちと話をしていると、これからますますアジアの高等教育が拡大していくなかで、アジア人の書き手たちが国際的な書籍やジャーナルをアジアから出していくことに対して強い期待を抱いていることを、ひしひしと感じます。そうした期待をもっている編集者たちは、先述の国際学会などにしばしば参加し、各出版社の展示ブー

スにいることが多いため、関心のある人はそういったブースを訪れ、編集者がいるかどうか尋ねてみてください。そういった地道な努力の先に、新たな出会いがあることを祈念しています。

5. おわりに──比較教育研究ならではの醍醐味

　本章では、比較教育研究者が英語で研究成果をプレゼンする際の留意点について、筆者なりの考えを述べました。筆者自身、比較教育研究者の端くれとして、国際学会や国際シンポジウムなどのさまざまな場で、英語によるプレゼンを行ってきました。しかしながら、筆者は帰国子女でもなければ、語学の達人でもありません。拙い Japanese English でもって、常に苦労しながらプレゼンを行っているのです。

　とはいえ、苦労しつつも、基本的に英語でプレゼンをすることが好きなのも、また事実です。なぜなら、英語によるプレゼンを準備するなかで、異なる言語を通して自らの研究を「相対化」することができるからです。また、母語（＝筆者にとっては日本語）よりも複雑な表現が難しい言語を用いるということは、常により分かりやすい表現を探さざるを得ないため、結果として自らの研究を「明確化」することが可能になります。

　そして、英語という良くも悪くも国際的な学術言語としての地位を確立している言葉を通して、世界中のさまざまな研究者や専門家たちと学術交流を行えることが、筆者にとっては何よりも楽しいのです。比較教育研究者としては、「比較」研究を追究していくうえで、できるだけ多くの背景が異なる人々と意見交換することが、何よりも欠かせない作業だと考えています。それこそが、比較教育研究ならではの醍醐味なのです。

　ただし、その一方、英語でプレゼンすることに伴うリスクについても指摘しておきます。ざっと挙げても、次の３つのリスクが想定されます。

　第一に、自分が伝えたい内容を、正確かつ十分に伝えることができないリスクです。これは、外国語によるプレゼンを行う上で避けられないリスクで

すが、そのためにも本章で指摘したように、発表する内容を吟味・精査し、「自分が知っていることを話す」ための発表準備を入念に行うことが欠かせません。

　第二に、「国際言語」であるが故に、より多くの人に伝わるリスクがあります。すなわち、本章でも指摘しましたが、日本（あるいは、あなた）の「常識」は、必ずしも世界（あるいは、他者）の「常識」であるとは限りません。そのため、あなたが発言した内容が、「誤解」かもしれませんが、あなたの意図とは異なって理解され、問題になることがあるかもしれないのです。たとえばジェンダーやマイノリティなどの社会的な課題について、ご本人には全くそのつもりはなかったのにもかかわらず、「差別的」と捉えられる発言をしてしまった日本人研究者のケースを、これまでに筆者自身も目にしたことがあります。その意味では、常日頃から自らの言動に責任をもつことを意識しておくことも重要でしょう。

　第三に、悪しき成果主義という陥穽にはまるリスクがあります。近年、大学院生やポスドクといった若手研究者たちの研究職への就職がますます厳しさを増すなか、研究業績に関する成果主義が非常に高まっています。そうしたなか、高等教育のグローバル化といった社会的要請に応えることも含めて、大学では英語による研究成果の発表が顕著に奨励されています。しかし、本当に何でも「英語」で発表すれば良いと言えるのでしょうか。とくに若手研究者たちが、じっくり腰を据えて、自らの母語で深く思考し、研究を練り上げていく過程は、非常に大事なものであると筆者は考えています。悪しき成果主義と英語がセットになったとき、こうした研究者として大切な知的基礎体力を磨き上げることが疎かになってしまうのではないかと危惧しています。

　これらのリスクを十分に認識したうえで、それでもやはり比較教育研究者たちには、英語による研究成果の発信に果敢に挑戦していっていただきたいと願います。それによって、自らの比較教育研究を改めて見つめ直すことができると共に、国境を越えた学術コミュニティの一員としての実感をきっと強く感じることができるはずだと考えるからです。

参考文献

朝永振一郎 (2000)『科学者の自由な楽園』岩波書店.
Langham, C.S. (2007).『国際学会 English：挨拶・口演・発表・質問・座長 進行 (English for Oral Presentations: Speaking Exercises)』医歯薬出版.
Hawke, P. and Whittier, R.F. (福田忍訳) (2011)『日本人研究者のための絶対できる英語プレゼンテーション』羊土社.

第Ⅲ部
比較教育学研究のライティング・スキル

第7章　定量的研究のライティング・スキル　　　　　　西村幹子

第8章　定性的研究のライティング・スキル　　　　　　近田政博
　　　　——現地調査型の研究を論文にまとめる

第9章　理論研究のライティング・スキル　　　　　　　田中正弘

第7章　定量的研究のライティング・スキル

西村幹子（国際基督教大学）

1. はじめに

　「どのくらいのサンプルを取れば十分でしょうか」、「質問紙の質問の数はどのくらいまでに収めるべきでしょうか」、「論文に数式は必ず入れる必要がありますか」。学生たちからこう質問されるとき、筆者は必ず「あなたのリサーチクエスチョンは何ですか」と問います。「〜に関して調査をしたいと思います」と返ってくると、「あなたの研究で答えを出したい問いをクエスチョンマークがつく文章の形にして教えて下さい」と問い返します。これに即答できる学生は殆どいません。定量的調査手法を用いて論文を書くというと統計的、技術的な観点に目が向けられがちですが、統計的手法はあくまで手段であり、学術的な目的を明確に持つことが論文執筆には不可欠です。

　本章では、論文を書くということについて、よくある間違いや筆者自身の経験から、定量的手法を用いた研究の質を上げるために何が必要かについて論じます。まず、論文の構成要素を確認した上で、定量的手法を用いた論文の特徴について概説します。その後、よくある間違いをいくつか挙げながら、質の高い論文を書くためのヒントをみつけていきたいと思います。

2. そもそも論文とは何か

　報告書と論文の違いは何でしょうか。実は論文は気を付けないと簡単に報

告書になってしまいます。報告書にはなくても良いが論文に必要なもの、それは、学術的な目的と概念的コンテキスト（理論的背景）です。**図Ⅲ-7-1**は論文の構成要素を表しています。冒頭に述べたリサーチクエスチョンは論文の中心に位置し、論文を書くことによってどのような問いに答えようとするのかを明確に示すものです。ただし、このリサーチクエスチョンを得るには、図Ⅲ-7-1上部の研究の目的と概念的コンテキストが定められる必要があるのです。論文は、過去の研究蓄積を踏まえて新たな知を生み出す試みであり、単に自分の興味関心や経験に基づいて何かを知ろうとするものではありません。報告書であれば、社会的な現象を把握し、社会問題を解決するための糸口をみつけるためといった実践的な目的があれば十分な場合がありますが、論文にはそれらに加えて学術的な目的が必要です。

　先行研究レビューが十分に行われていないと、研究の目的とリサーチクエ

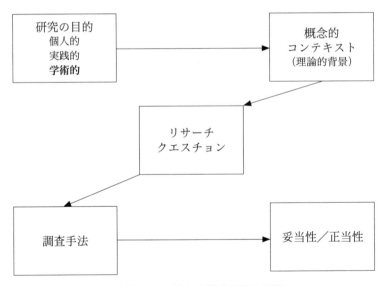

図Ⅲ-7-1　論文の構成要素と手順

出典：Maxwell (2013), p. 5 より筆者作成

スチョンが全く同じになり、リサーチクエスチョンが抽象的で焦点が定められません。研究の目的が自分の興味関心にのみ依拠していて狭い場合も目的とリサーチクエスチョンが同じになり、リサーチクエスチョンに答えた結果が学術的にどのような意義を持っているのかが不明確になります。この二つの悪い例を**表Ⅲ-7-1**に①と②として示します。良い例というのは、過去の研究を踏まえて研究の目的（学術的な研究意義が明確なもの）を設定し、具体的なリサーチクエスチョンを掲げて、研究を実施可能にするものです。

May (2011) は学者が陥りやすい誤謬として、理論をもたずにデータを作り出すことで社会的現実を問題なく映し出せると考えること、データがなくと

表Ⅲ-7-1　リサーチクエスチョンの例

	悪い例①	悪い例②	良い例
	理論的背景が設定できていないため、目的とリサーチクエスチョンが漠然とした同じものになる	実践的な興味関心のみに依拠して研究の目的とリサーチクエスチョンが狭く設定されているため、研究の意義が不明確になる	過去の研究の概念的コンテキストを把握した上で、独自の視点を提示できている
研究の目的	退学がどのような要因によって引き起こされるのかについての理解を深める	A地域のプロジェクトがどの程度退学を減らすことに成功したかを明らかにする	既存の研究が挙げている家庭と学校の要因に加え、親と学校との関わり方（社会関係資本の形態と量）がどのように退学に関連しているのかを明らかにする
概念的コンテキスト	過去の国際機関の報告書で列挙された退学の理由	なし	社会関係資本 効果的な学校研究
リサーチクエスチョン	A地域の退学の要因にはどのようなものがあるか	A地域の不就学児童はプロジェクト実施前後でどの程度変化したか	A地域の退学児童と就学児童の親の学校との関わり方にはどのような違いがあるか 家庭・学校・学校と親の関わり方の諸要因がどの程度、どのように退学と関連しているか

も理論は現実の名を語り、何かが言えると考えること、の二つを挙げています。理論と調査（データ収集）は定量的手法を用いた研究では特に密接な関わりをもちます。理論は、データを「どのように生み出すか」というデータ収集のための仮説や調査の方針を決定することに貢献し、データは、「何を生み出すか」という調査経験や知見を理論に還元する意味を持ちます。

3. 定量的手法を用いた論文の特徴とは

　それでは、先ほどの図Ⅲ-7-1 の下部に注意を移してみましょう。定量的手法を用いた論文は定性的手法を用いた論文とどこが違うのでしょうか。一般的には「数字」対「記述」、「客観性重視」対「主観性重視」、サンプル数とデータ収集の仕方の違い等々が思い浮かぶかもしれません。しかし、最も重要な相違点は、リサーチクエスチョンにあります。定量的手法を用いることが適切と考えられるリサーチクエスチョンは、「何が」「どの程度」「発生しているか」あるいは「影響しているか」というものです。これに対して、定性的手法は、ある事象が「どのように」あるいは「なぜ」、「どのような意味で」「捉えられているか」あるいは「（行動として）現れているか」といったリサーチクエスチョンに答えるのに適しています。これを混同してしまい、「どの程度影響しているのか」という問いに対してインタビュー調査を行ってしまったり（この場合に得られる結果は、「認識されている影響」です）、「どのように捉えられているか」という問いに対して単純な質問紙調査をしてしまったり（人びとの持つ主観性を無視して選択肢を提示することで重要な観点を取りこぼす可能性があります）といったちぐはぐな研究になってしまいます。図Ⅲ-7-1 のリサーチクエスチョンと調査手法に繋がる線は、リサーチクエスチョンに最適な方法で答えるための調査手法を選択しなければならないことを示しています。

　ここでもう一つ注意しなければならないことは、定性的手法と定量的手法を組み合わせることも可能だということです。例えば、先ほど「どのように捉えられているか」について質問紙調査をすることは妥当ではないと書きま

したが、そうでない場合があります。それは、質問紙を準備する過程で、フォーカスグループインタビュー等の定性的な調査手法を用いて調査対象となる人びとと同様あるいは類似した人びとの考え方を調査し、更に質問紙作成の過程で試験的に実施（プレテスト）して回答者に選択肢の適切性を確認してもらうといった工程が調査に含まれている場合です。この場合には、既に妥当性を吟味した選択肢の中からどの捉えられ方がどの程度一般的であるかを定量的に知ることに意味があります。論文の中で質問紙作成の過程について丁寧に説明し、リサーチクエスチョンと調査手法の妥当性を示すとよいでしょう。

4. よくある3つの間違い

ここからは、主に図III-7-1の右下にある「妥当性／正当性」について、具体的な事例から定量的調査手法を用いた論文執筆の際に陥る過ちについて考えてみたいと思います。間違いの分類として1) 量的なデータに対する無批判な姿勢、2) 社会的文脈への無配慮、3) 相関関係と因果関係の混同を挙げます。

1) 量的なデータに対する無批判な姿勢

まず、既存のデータを利用するにせよ、自らデータ収集するにせよ、量的なデータの妥当性を以下の質問を基に自問自答する必要があります。特に既存のデータを分析対象にした場合、データ収集の過程に自ら携わっていないのですから、一層注意深く下記の問いは確認すべきです。データを無批判に分析対象としてしまうと研究の妥当性が危うくなります。

  問い1. なぜその変数を選んだのか（変数の背景にある概念的コンテキストの説明）
  問い2. その変数（あるいはデータ）をどのように測定したか（どのような選択肢で聞かれたのか）（操作的概念の説明）
  問い3. どのようにそのデータを取ったのか（データ収集方法の説明）
  問い4. なぜその分析手法を取るのか（統計的手法の説明）

問い5. 変数の測定方法、サンプリング、統計的処理の方法において想定されるバイアスは何か（妥当性の検証と説明）

よくある間違いは、ともかく変数ありきで論文を書いてしまうことです。既存のサーベイの結果の質問項目を何となく変数にしてしまい、概念的コンテキストからずれてしまう場合が多々あります。これを防ぐには、一つ一つの変数に対してなぜこれが必要なのか、ということを自問自答することです。自問自答する際に有効な方法は先行研究を参考にすること、先行研究が不足する場合には先述したように定性的手法と組み合わせることです。

また、ある概念を具体的に収集可能なデータにする際に、操作的概念を用いますが、これに関しても先行研究をよく読み、何が妥当な方法なのかを吟味しなければなりません。例えば、人的資本論における「労働者の質」は長年「教育年数」という操作的概念として捉えられることが一般的でしたが、近年になって教育年数と経済成長との相関関係に疑義が唱えられ、この操作的概念が見直されることになりました。そして、国レベルの人的資本の操作的概念として、新たに学校教育における「国際学力調査結果」「退学率」「留年率」といった学校教育の質を表す変数を加えることにより、経済成長との関係がより鮮明になりました（Hanushek & Woesmann, 2010）。このように、概念的コンテキストに基づいてデータをどのように測定するのか、という観点は極めて重要な研究的意義をもつものです。

統計的手法についてもなぜその手法を取るのかをよく吟味する必要があります。よくある間違いとしては、自分で取得したデータの平均値を一般化して解説したり、グループ間の平均値を単純に比較することで違いを論じたりすることです。まず、一般に、データが平均値を中心にして左右に等しく広がっている場合（正規分布という）には平均値はデータを代表していると言えますが、大抵のデータは偏って分散しています。筆者がかつてアフリカのある国の世帯調査のデータで平均所得を算出したところ、その平均値の所得のある世帯は0件で、殆どの世帯が0に限りなく近い値を取り、ごく少数の高所得者の値に引っ張られる形で平均値が算出されていたことがありました。

この場合、平均値はデータを代表しているとは言えません。データの中心（平均値）と散らばり具合（分散）を両方合わせて初めてデータの特徴をつかむことができます。次に、グループ間の比較をする場合にも平均値と分散を確認することはもちろんですが、自分の取ったデータが母集団を代表していると推定される限られたサンプル（標本）であることに注意が必要です。母集団の状況を推計する作業は、単にサンプルで示された値の比較だけでは不十分であり、統計的な手法を用いてサンプルで示されたグループ間の値の差異が母集団においても十分に表れうる差であるかを統計的に検定する作業が必要です。その上で、サンプルで示されたグループ間の差が統計的に有意な差であるかを報告する作業は定量的な調査手法を用いた分析には不可欠です。

2) 社会的文脈への無配慮

　定量的調査手法を用いた研究によくある間違いとして、論文が技術的に偏りすぎて社会的な文脈や常識から外れてしまうということがあります。学術論文の査読をしていると、上記1) で挙げた質問に沿った技術的な説明は非常にうまくできている一方で、扱われたデータの先にある社会的文脈が全く見えてこない論文が多々あります。社会科学は人間を扱う学問ですから、機械かロボットのように行動を予測することは不可能ですし、得られた統計的分析の結果の解釈はとても難しいものです。例えば、あるデータで社会経済的な家庭の背景や入学時点での学力を一定に保った上でも公立校よりも私立校の方が生徒の成績が良いという結果が出たとします。この結果を解釈する際には、公立校と私立校の運営方法、カリキュラム、教員対生徒比率等の学校環境についての十分な理解が必要です。先述したとおり、定量的手法を用いた論文は「なぜ」という問いに答えるのに不向きですが、「どの程度」の違いが「発生しているか」を結論として述べる際には、社会的文脈をある程度理解して、この「なぜ」という観点を含めて論じる必要があります。統計的な結果についてうまく説明するには、定量的調査手法を用いた先行研究だけでなく、文脈理解に役立つ定性的手法を用いた先行研究もレビューしないと、

全く異なる社会において行われた過去の事例に基づいて結果を解釈してしまったり、統計的なモデルに関する機械的な考察に終始したりすることになり、論文の社会的(実践的)意義が不鮮明になるだけでなく、データを入手した社会そのものの文脈に沿わない結論や政策を導くことにもなりかねません。

　二つほど筆者が経験した例を紹介します。筆者が関わったある研究の中で扱った既存の世帯調査データの中に、子どもの不就学の理由について「無関心」「就労」「家事」「就学に関する費用」「通学に適さない年齢」という選択肢がありました。この中で「通学に適さない年齢」を選択した世帯が多く、よく調べてみると、子どもが学齢に達しているにもかかわらずこの選択肢を選んだ世帯が少なくないことが分かりました。ここで皆さんならどう考えるでしょうか。筆者は最初、親が教育制度について無理解で、学齢が6歳であることを知らないからではないかと考えました。しかし、学校への距離の情報を確認し、現地の研究者と協議した結果、学校まで徒歩で1時間半〜2時間もかかる上、途中で野生動物が現れるような困難な通学状況が、学齢に達しているにもかかわらず「通学に適さない年齢」という解釈につながっているということが分かりました。

　また、同じ世帯を二時点で調査する「パネルデータ」というものを使って児童の転校の動向について分析した際には、思わず目を疑うようなデータに遭遇しました。3年間のタイムラグがある調査の二時点で子どもが若返っていたり、年を全く取っていなかったりするケースが複数みつかりました。この場合はどうしたらよいでしょう。まず疑うのは、データ入力ミスです。聞き取りの時点か、質問紙の記入の時点か、それをパソコンに打ち込むデータ入力の時点のデータを確認します。そこにミスがなかったので、次に実際に聞き取りを行った調査員にインタビュー時点での話を聞くと、子どもの年齢を覚えていない親が結構多いとのことでした。確かに、筆者も成人女性の年齢を世帯で確認するのに10分を要したことがあります。10分かけて身分証明書を家の中から探して持ってきた女性に、「これで私の年齢を計算して下さい」と言われたことは一度や二度ではありません。自分や子どもの年齢は

簡単に確認できる「客観的データ」だと思ってしまいがちですが、そうでない社会があるのです。

　データ収集、分析、結果の解釈の全ての過程で社会的文脈を理解していないと、すべてが「エラー」(説明できない要因)として統計的に処理されたり、間違った解釈をして政策提言につなげてしまうことがあります。数字に隠された社会的な意味を理解しようとすることは定量的手法を用いる論文を書く際にも実は必ずもっていなければならない批判的思考なのです。自分の所属する社会とは異なる社会を研究対象や比較対象とする比較教育学においては、この批判的思考をもてるかどうかは研究者の資質に直接関わります。

3) 相関関係と因果関係の混同

　最後に最も一般的な間違いとして、統計的分析の結果を相関関係ではなく、因果関係として単純に解釈してしまうことがあります。定量的手法を用いる実証的な研究には、主に実験法、疑似実験法、非実験法の3つがあります(Levin & McEwan, 2001)。実験法は、ある介入策の影響を知りたい際に、同じ状況の集団の中から介入される集団と介入されない集団を無作為に選び、介入前後の状況を測定し、その差の有無を測定する方法です。代表例としては、ランダム化比較実験(Randomized Control Trial: RCT)と呼ばれる手法があります。集団内の同質性を排除するのに最も適した方法で、介入の影響に関する因果関係を特定するのに有効とされています。ただし、倫理的な観点から、この手法を用いる場合には、実験後に介入が全国普及される可能性を確実にしておく等、実験に参加する側の利益や公正さに注意を払う必要があります。次に疑似実験的調査手法は、介入される集団とそうでない集団を無作為に抽出しない場合で、その他の過程は実験法と変わりません。プロジェクト実施地域が既に決められている場合などは、できるだけ対象地域と近い環境にある別のグループを比較対照群として選び、プロジェクトの介入前後のデータを双方で取ってプロジェクトの影響を推計するという方法が取られます。この場合は、集団内の同質性を完全に排除できないため、得られた結果が本当にプ

ロジェクトの介入の結果なのか、もともと集団が持っていた性質の違い（プロジェクト対照群には強い動機がある、関心が強いなど）があるのかは不鮮明になるため、結果の解釈には慎重になる必要があります。最後に、非実験法は相関分析手法とも呼ばれ、主に既存の大規模な世帯調査や学力調査を使用して、統計的分析によってある変数間の相関を確認する場合に用いられます。この方法を用いた論文としては、家庭の背景と学校の要因のどちらが学力に影響を及ぼすのかについての論争を巻き起こしたコールマンレポート（Coleman, 1966）や途上国の文脈での学校要因の重要性を指摘したハイネマンとロクスリーの論文（Heyneman & Loxley, 1986）が有名ですが、その後も多くの研究者によって既存の学力調査の要因分析に用いられています。相関分析という名のとおり、一時点に収集されたデータを用いる場合にはあくまで相関関係を知ることができるだけで因果関係を予測することはできません。また、全ての状況を統制することが不可能なため、ある変数の変化が調査で測定された別の変数の変化のみによって引き起こされたかには不明な点が多く残ります。

統計的調査手法はあくまで平均と分散の関係から各変数の変化がどのように相互に関連しているかを分析する手法であり、因果関係を特定することは簡単ではありません。上記2）の社会的文脈の理解に加え、統計的・技術的理解もしっかりしておかないと拙速に関係性を判断するという過ちを犯してしまいます。

最後に、定量的調査手法を用いた教育分野の研究において特に留意しなければならない因果関係を脅かす要因について述べます。Levin & McEwan (2001)によれば、それらは以下の7つに集約できます。

要因① 非同質性バイアス（選択バイアス）─介入された集団には既に結果に影響を及ぼす何らかの特徴が存在する

要因② 脱落（介入の過程における脱落によるグループ構成員の変化）

要因③ 外的要因の発生（前提の変化と効果への影響）

要因④ 成熟効果（成熟という人間の自然な成長過程による変化─子どもの学力や理解力の変化など経年的に測定することで生じる効果）

要因⑤　試験効果（事前テストの影響で得点が自然と高くなる傾向）
要因⑥　測定方法設定上の問題点（事前・事後の効果の指標および測定方法の変化、評価者の構成の変化等）
要因⑦　平均への回帰（何度も測定するうちに集団構成員の測定値が平均に近づく傾向）

実験法を取る場合にも上記の要因は存在するため、一つ一つの要因に対して対策を練るか、論文ではバイアスを想定して結果の解釈については慎重に記述する必要があります。

5. おわりに──論文の質を上げるために

これまで述べてきたように、定量的手法を用いた論文は決して技術的に優れた統計手法を学べば書ける、というものではありませんし、逆に統計的な勉強が苦手な人でも、良いリサーチクエスチョンをもてば優れた論文が書ける可能性があります。まずは、データや手法ありきではなく、リサーチクエスチョンありきである、ということを覚えておいて下さい。次に、対象となる社会の文脈に関して理解することが肝要です。定量的手法を用いた研究を行うのだから技術的な論文ばかりを読めばよい、というわけではありません。定性的手法を用いた論文の中には社会的文脈の理解に役立つ事例研究が数多く含まれています。これらの先行研究は、定量的手法で用いる操作概念や仮説の妥当性の検証、研究結果の考察において役立ち、より論文の質を上げることにつながります。

最後に、定性的手法との組み合わせにより、社会的な事象へのより深い理解が可能になります。定量的手法と定性的手法を組み合わせることにより、「何が」「どの程度」の問いと、「どのように」「なぜ」「どのような意味で」の問いの相互補完ができれば理想的です。この意味で、すべての研究者が定量的手法、定性的手法のどちらもある程度理解し、仮に定量的手法だけを使う場合にも自らの手法の利点と欠点を認識し、それを論文の中で説明することが

できれば、より研究の幅が広がるのではないかと思います。

参考文献

Coleman, J. (1966). *Equality of educational opportunity*. Washington, DC: US Government Printing Office.

Hanushek, E. & Woesmann, L. (2010). Education and economic growth. In P. Peterson, E. Baker, & B. McGaw (Eds.), *International encyclopaedia of education*, vol. 2 (pp. 245-252). Oxford: Elsevier.

Heyneman, S. P. and Loxley, W.A. (1983). The effect of primary-school quality on academic achievement across twenty-nine high- and low-income countries. *The American Journal of Sociology*, 88 (6), 1162-1194

Levin, H.M. & McEwan, P.J. (2001). *Cost-effectiveness analysis* (2nd ed.). Thousand Oaks, London, & New Delhi: Sage Publications.（ヘンリー・レヴィン、パトリック・マキューアン（赤林英夫監訳）(2009)『教育の費用効果分析』、日本評論社）

Maxwell, J. A. (2013). *Qualitative research design: An interactive approach* (4th ed.). Los Angeles, London, New Delhi, Singapore, & Washington, D.C.: Sage Publications.

May, T. (2011). *Social research: Issues, methods and research* (4th ed.). Open University Press.（ティム・メイ（中野正夫監訳）(2001)『社会調査の考え方』、世界思想社）

第8章　定性的研究のライティング・スキル
——現地調査型の研究を論文にまとめる

近田 政博（神戸大学）

1. はじめに

　本章では、比較教育学研究において現地調査型の研究を行う場合、これを論文の形にまとめる上でどのような点に留意すべきかについて論じます。最初に現地調査型の研究を扱う論文において陥りやすい失敗を紹介し、次にこうした失敗を避けるため、論文全体のストーリー構成力を高める方法について具体的に提案します。

2. 現地調査型研究の意義とその難しさ

1) 現地調査型研究の意義

　日本の比較教育学研究では、特定の国・地域に長期間にわたって滞在して調査するフィールドワーク型の研究がさかんに行われています。一方、量的なデータを入手して統計分析を行うタイプの研究も、国際教育協力の分野ではよくみられます。本章では前者のタイプの研究内容をどう文章化するかという点について論じます。

　現地調査を行うことの第一の意義は、量的分析では捨象されがちな教育の質的側面や価値の問題、あるいは統計や数字の社会背景に注目する点です。現地で五感を総動員して情報を吸収することにより、自分の誤解や偏見に気づくことも少なくありません。先行研究の表現を借りるならば、「匂いや音

や空気の触感を体感することは、現地の子どもたちの生活世界や意味空間の理解に不可欠」(森下・服部・鴨川 2013, p.220)だと表現できるでしょう。

　第二の意義は、現地調査が仮説を生成する場になりうることです。量的研究の場合は、仮説は先行研究や自分の問題意識を照らし合わせることによって設定し、これをデータ解析によって検証するのが一般的です。これに対して質的研究の場合は、現地の状況を観察することによって、あるいは現地調査で人の話を聞くことによって、机上では思いもよらなかった新しい仮説が想起されることがあります。したがって、机上では大まかな問題意識やリサーチ・クエスチョンを立てておくにとどめ、現地調査を進める中でユニークな仮説が沸きあがってくるのを辛抱強く待つことが必要になります。

2) 現地調査型研究を書くときの落とし穴

　こうした現地調査型の研究を論文にまとめる際には、いくつかの落とし穴があります。よくあるケースは、研究対象が微細化し、個別的な現地情報の寄せ集めになってしまうことです(近田 2011)。いわゆる「ベタ」な現地情報の羅列に終始している論文は、既存の理論枠組みと現地データの「分離エラー」(佐藤 2015, pp.35-36)が起きている状態であると言えるでしょう。この状態では、情報は断片化されており、相互の関連づけや意味づけが行われていない「ベタベタ」な状態です。読者にとって重要なのは、現地情報の記述の集積から、結局のところ何が見えてくるのかという学術的な意義です。研究とは自己満足的な「物知り博士」を目指すことではなく、情報や知識の奥にある本質を探求する行為だからです。

　こうした落とし穴にはまってしまうのは、自分が扱う研究テーマがこれまで蓄積されてきた「先行研究の森」のなかのどこに位置づいているのかを俯瞰できていないことが大きな要因です。論文を書く際には、先行研究において何がどこまでわかっていて、どんな課題が残されているのか、その課題を明らかにすることにどのような_学術的な価値があるのかを読者にていねいに説明する必要があります。現地調査は「自分探しの旅」ではなく他者との

邂逅であり、論文を書く行為は「一人語り」ではなく読者との対話です。

　「先行研究の森」を俯瞰できていないと、他者から見て自明のリサーチ・クエスチョンを立ててしまう可能性があります。たとえば、ある発展途上国の小学校教員が十分な水準を満たしているかどうかという二者択一形式のリサーチ・クエスチョンは、ほとんど意味がありません。少し調べれば不十分であることがすぐにわかるからです。本質的に重要なのはそのような単純なことではなく、小学校教員の水準を高める際の障壁は何なのか、なぜそうした障壁が存在するのか、どのようにすればそれを克服できるかという点です。

3) 研究とはベタとメタの往復運動

　「先行研究の森」のなかには、研究蓄積のなかで一般化されてきた諸理論、概念、モデルなどを見つけることができます。これらは一般性や法則性に重きを置く点でメタ的な思考枠組みであると言えるでしょう。これに対して、個別の研究事例のなかには、現地調査から得られた、いわばベタな情報や事例が蓄積されています。既存のメタ的な思考枠組みは、現地調査におけるベタな情報や事例にどの程度適用することが可能でしょうか。安易に適用できないとすれば、何が問題でしょうか。現地調査型研究から得られた知見のなかにはどのような特殊性がみられるでしょうか。

　人口に膾炙し、比較教育学研究にたびたび援用されてきた一般理論には、たとえば次のようなものがあります。シュルツ (Schultz, T) やベッカー (Becher, G) が唱えた「人的資本論」とは、人間が持つ能力も資本の一つであり、教育活動などを通じて人材育成をすることは国の経済成長にも大きな効果をもたらす投資であるという考え方です。ブルデュー (Bourdieu, P) が提唱した「文化的再生産」の概念は、教育水準や教養などの文化資本が世代間で継承されることにより、結果として既存の社会階層がより固定化されやすくなるという説です。ドーア (Dore, R) が提唱した「後発効果」とは、他者よりも遅い段階で取り入れた知識や技術が、導入が遅かったがゆえに一定の利益や効果をもたらす場合があることを意味します。アルトバック (Altbach, P) が提唱した

「教育の新植民地主義」とは、発展途上国が旧宗主国から独立して発展すればするほど、むしろ教育内容や人材育成において、旧宗主国を中心とする欧米先進国への依存度が大きくなるという考え方です。アンダーソン(Anderson, B)は、近代の植民地教育制度において、中央集権的な近代学校制度が植民地に形成され、現地人エリートが植民地の中心にある上級学校に向かって立身出世していくプロセスのなかで共有された同胞意識が途上国のナショナリズムの起源になったと指摘し、このナショナリズムを「想像の共同体」と名づけています。今日の世界では、これらはいずれも「古典」と呼ぶべき思考枠組みです。

　研究活動は、いわばこうしたメタな考え方とベタな知見との往復運動だと表現できるでしょう（図Ⅲ-8-1参照）。すなわち、一般理論が個別事例にいかに適用可能かを検証し（下向きの矢印）、同時に個別研究から得られた知見のなかに、より一般化・抽象化できる要素があるかどうかを検証すること（上向きの矢印）が研究の基本的なアプローチです。

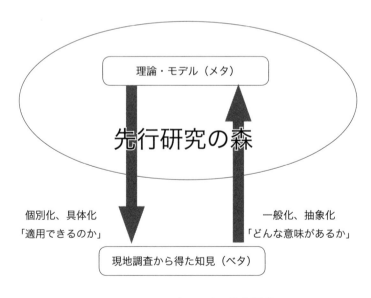

図Ⅲ-8-1　メタとベタの往復運動

ただし、フィールドワークなどの現地調査型研究では、既存理論・モデルなどの予見を挟まずに、フィールドから得られる情報に虚心坦懐に耳を澄ませるべきであるとする考え方も、比較教育学の世界では広く受け入れられています。この場合、図Ⅲ-8-1の下向きの矢印はあまり意識する必要はないかもしれません。しかしながら、自分の現地調査や研究の位置づけを十分に把握するためには、先行研究がどこまで到達したのかということを正確かつ俯瞰的に把握しておくことは必要です。

3. 論文はストーリーで勝負する

1) 既存の思考枠組みを疑う（メタからベタへ）

　ではどうすれば、研究のおもしろさを論文でうまく伝えることができるのでしょうか。論文を魅力的にするためには、論文全体を謎解きのストーリーとして構成する必要があります。具体的な方法としては、前述した一般理論、概念、モデルなど、既存の思考枠組みを正しいものであると決めつけずに、その有効性を疑ってみることです。これらの多くは欧米先進国の研究者が、特定の時代背景と特定の調査対象をもとに提唱したものです。現地調査型の研究における特定事例に適用できるかどうかは、精査してみないとわかりません。もしかすると、すでに実態は古典的な理論やモデルでは説明がつかないのかもしれません。だとすれば、なぜ適用できないのか、どこに問題があるのか、その現地調査にどのような特殊性が存在するのかについて検証する必要があります。

　大学院生など研究経験の浅い人が論文を書く場合は、こうした既存の思考枠組みを所与のものとして位置づけ、それを再確認しようとする傾向がみられます。このやり方は研究アプローチとしては手堅いのですが、既存の考え方を追認するだけで終わってしまい、予定調和的な結論になりがちです。読者としては初めから結論のわかっているミステリー小説を読むようなもので、あまり面白みはありません。世界は刻々と変化しているので、偉い先生が提

唱した思考枠組みであっても、現代の新しい状況に適用できるとは限らないだろうという前提に立って考える方が、研究にダイナミズムが生まれるかもしれません。

　研究のおもしろさを伝える際のもう一つの方法は、論文のストーリーが予定調和にならないように、何らかの矛盾や逆説（常識と反対のことを言っているようで、一定の真理を含んでいる可能性があるもの）に注目することです。論文で最終的に言いたいメッセージが、すでに広く一般に認識されている内容を超えておらずがっかりしたことはありませんか。大がかりな現地調査や統計分析をしたわりには、結論はいたって平凡なものになっている論文を読んだ経験はありませんか。そうならないためには、リサーチ・クエスチョンの段階で「深い問い」（そもそもなぜ〇〇なのだろう？）を立て、仮説段階で社会通念とはひと味違うユニークな視点を取り入れることが鍵となります。

　たとえば、「韓国では職業教育セクターに進学する方が就職可能性は高いのに、なぜ多くの若者は卒業後の就職が容易でない大学セクターに進学したがるのだろう」という問いを立てたとします。この問題には経済合理性だけでは説明のつかない要因があるかもしれないと予測し、「韓国社会では就職が決まらないことを恥ずかしく思う意識よりも、満足できない就職先で妥協したくないとする意識の方が大きいからではないか」という仮説を立ててみます。となると、現地調査では、大卒者の就職満足度と職業教育セクターの就職満足度を確認する必要が出てくるでしょう。ありきたりの事実関係を調べるだけでなく、その一段奥深いところを探求することが研究の醍醐味なのです。

2) 研究対象の妥当性を説明する

　次に、なぜその研究対象を選んだのか、なぜその地域を選んだのかを、読者に説明する必要があります。たとえば、たまたま青年海外協力隊で2年間滞在したからというのは個人的な動機であって、学術的な動機としては不十分です。たとえば、ケニアの少数民族が抱える教育課題を明らかにしようと

思う場合、大都市のナイロビで調査を行うのは必ずしも適切とは言えないでしょう。山岳地帯や農村地域に住む少数民族が、その地政的条件のゆえに教育機会がどの程度制約されているのか（たとえば小学校が徒歩圏内にない、子どもが農作業に駆り出される、学校に衛生的なトイレや水道が整備されていないなど）という問題は、大都市での調査だけではなかなか見えてきません。

　比較の対象については、できるだけ属性の共通性が多い対象先を設定することが望ましいでしょう。たとえば、ベトナムの幼児教育と北欧の幼児教育を比較する場合、人口規模、経済水準、子どもの教育に対する親の価値観、政府の教育政策など、異なる点が多すぎるので、共通の比較枠組みを作るのが難しく、あまり有益な知見を得られるとは思えません。比較対象とする国や地域が、ベンチマーク（あえて訳出すれば「比較基準」くらいでしょうか）として本当に適切かどうかをよく見極める必要があります。

　この場合は、ベトナムと同じく市場経済体制に近年移行した国々（中国、モンゴル、ラオス、ミャンマー）、あるいは東南アジア域内で経済水準がベトナムよりもやや高く、人口規模も似ているタイやフィリピンなどと比較する方が、より説得力があるかもしれません。幼児教育の発展段階が類似した国と比較する方法もあります。自然科学の対照実験と同じく、比較対象とする変数以外の他の変数は、できるだけ類似性の高い地域を選び、個人の経験や思いつきによる恣意的な地域比較ではないと説明できることが必要です。

3）読みやすく簡潔な文章を心がける

　現地調査を論文にまとめる際は、読みやすく簡潔な文章を心がける必要があります。現地情報にどっぷり浸かった状態で論文を書くと、著者にしかわからない文脈を多用しがちです。第3章の中矢礼美氏の表現を援用するならば、「向こうの世界」（現地の社会）の言葉を、「こちらの世界」（日本語あるいは英語圏の社会通念）に引き戻して伝える工夫が必要になります。「向こうの世界」のことを、何も知らない「こちら側の」読者に理解できるように書かなければなりません。

読みやすい簡潔な文章を書くことのメリットは、筆者のメッセージが読者に誤解されることなく、ストレスを与えることなく伝わる点にあります。どんなに優れた論文であっても、何度も読み直さないと理解できないような難解な文章、あるいは多様に解釈できるあいまいな文章は、読者を次第に疲れさせ、敬遠させ、途中で読むのを放棄させてしまうかもしれません。

　読みやすく簡潔な文章を書くための具体的な方法として、本章では、①「一文一義」にして、一文を短くする、②段落の主要メッセージを一つに絞り、これを段落の冒頭に明記する、③専門用語、略語、参考文献の表記に注意する、の3点を紹介します。

　①の一文一義とは、一文に込めるメッセージを一つに絞り込むということです（佐渡島・吉野 2008）。一文にいろいろなメッセージを詰め込んではいけません。メッセージが複数ある場合は、複数の文に分割すべきです。「○○は□□である。」という単純明快な文ならば、読者が誤解することはまずありません。文には主語をかならず明記し、これに対応する述語を主語の近くに書きましょう。主語のない文や、あいまいな形容詞は、学術的な文章としては不適切です。また、読点（,）が延々と続くような文は、主語-述語関係が読み取りにくくなり、読者にストレスを与えます。一文一義にすれば、一文はおのずと短くなります。文学作品のような豊潤さや流麗さはなくなりますが、学術論文では文章の美しさよりも、単純明快さが最優先されるべきです。

　②は、いわゆるパラグラフ・ライティングの考え方です。一つの段落（パラグラフ）の主要メッセージは一つに集約しましょう。そして、この主要メッセージを段落の冒頭に明記します。同一段落内の残りの文は主要メッセージを補足する役割を果たします。これによって、読者は各段落の趣旨を理解しやすくなりますし、読む時間が限られている場合でも、段落の最初の文さえ読めば、概要を把握することができます（ちなみに本章はパラグラフ・ライティングの手法を使って書いています。いかがでしょうか）。

　③は、専門用語、略語、参考文献の表記は読者にとって理解できるものであることが重要だという意味です。たとえば筆者はベトナムの教育研究をし

ていますが、ベトナムでは教育の「社会化」(Xã hội hóa) という表現がよく用いられます。この用語には、国だけが教育費を負担するのではなく、個人や民間団体など、社会の幅広い層で教育費をシェアして公教育を支えるという意味が込められています。ところが、日本および世界で広く認知されている「社会化」とは、帰属する社会の規範や価値を個人が内面化していく過程を意味し、ベトナムの「社会化」とは意味がまったく異なります。ゆえに、ベトナム的な意味でこの用語を用いる際には、その独特の文脈を読者にていねいに説明する必要があるのです。

　現地語を直訳すると意味が通じなくなる場合もあります。その場合は、訳出先の言語（日本語や英語）の文脈に合うように意訳することが求められます。たとえば、ベトナムでは短期大学（もしくは短期大学課程）のことを「カオダン」(Cao đẳng) と書きます。カオダンを日本語に直訳すると「高等学校」になるのですが、日本の高等学校に相当する学校としては、ベトナムには「普通中学校」(Trường trung học phổ thông) および「中級職業学校」(Trường trung cấp chuyên nghiệp) が別途存在します。したがって、ベトナム語を日本語に訳出をする際には、カオダンは短期大学として、普通中学校は高校普通科として、中級職業学校は高校職業学科に置き換える必要があります。

　ここで重要なのは、訳出先の日本語ではどのような表現が日常的に用いられているかという点です。ベトナム語の原語表記に忠実であるだけでなく、論文の言語である日本語や英語の世界ではどのように表現するのが自然かつ適切なのか、読者に誤解を与えることがないかを十分に想像しなければなりません。

　略語に関して言えば、初出の際には略さずに原語表記をフルで明記する方が安全です。学術論文を読むのは各分野の専門家なのだから、略語は遠慮なく使ってよいというのは誤解です。分野が少しでも異なれば、略語の意味も異なってくるからです。たとえばIRという略語は、高等教育学の世界ではInstitutional Researchを指し、個々の大学がその教育・研究成果を高めるためのデータ解析などの研究を指します。ところが社会科学の世界ではIRは国

際関係学 (International Relations) を意味します。きちんと説明しないと、読者のバックグラウンドによって略語がミスリードされる可能性があるからです。

　日本語と英語以外の現地語による参考文献を用いる場合は、各文献の題目に日本語あるいは英語のカッコ書きで補足をしておくとよいでしょう。読者にとって読めない文献名は情報として意味をなさないからです。また、現地語の文献リストを英語で表記し、英語文献のリストと混在させることは望ましくありません。読者は現地語文献を英語文献であるかのように誤解するかもしれないからです。参考文献が複数の言語にわたる場合は、言語別に分けてリスト化することが望ましいでしょう。

4) 得られた結果の意味を考える（ベタからメタへ）

　現地調査の結果が得られたら、それが学術的に何を意味するのか、どんな示唆を得られるのかについて考えてみましょう。これは、前述したベタからメタへの概念化作業を行うことです。まずは、まとめの部分を調査結果の説明と考察・結論部分に分けましょう。調査結果の説明では、当初掲げたリサーチ・クエスチョンに即して結果を整理し、著者の主観を入れずに正確に記述します。

　考察・結論部分では、この結果が既存の思考枠組みや一般理論に対して何を意味するのか、どんな示唆を与えうるのかを考えてみましょう。調査結果は既存の思考枠組みを追認するものだったのか、それとも既存の思考枠組みの修正を検討する必要が生じているのか、あるいは既存の思考枠組みは適用できないのか、研究全体を総括してみるのです。その際には、自身の主観を完全に排除することはできません。解釈とは一定の主観や直観を必然的に伴うものだからです（自然科学の世界でも同じです）。なぜそのように解釈するのか、そう考える根拠は何かを説明すればよいのです。

　実際の研究では、既存の思考枠組みを無条件で是認することはまれであり、これを完全に否定することもまれです。多くの場合は、既存の思考枠組みに補助線を引いたり、新しい解釈を加えるなど、いくらかの修正作業 (adaptation)

が必要となります。たとえば、「アルトバックのモデルでは、○○の事例については必ずしもうまく説明がつかない。その理由は△△ではないかと筆者は考える。そう考える根拠は××である。よって、筆者はアルトバックの既存モデルを○○に適用する場合は、□□の条件を加えることを提案する」といった具合です。この地道な作業こそが、比較教育学の進歩につながるのです。

　日本の比較教育学では、現地調査によって得られた情報や知見を先入観なしに受け止めることが何より大切であり、安易な一般化を志向すべきではないという意見が、今なお大きな影響力をもっています。筆者はこれを、現地調査を行う研究者自身が思考の柔軟性を失ってはならないというメッセージだと受け止めています。ただし、どのような研究スタイルであれ、学術論文として発信する以上は、得られた結果がもつ意味や意義について、先行研究と照らし合わせながらメタ的に考察する作業は不可欠です。調査結果を記述するだけでは論文としては不十分だからです。この作業をする際に、既存の思考枠組みは「道しるべ」のような役割を果たしてくれることでしょう。

4. おわりに

本章のメッセージをまとめると次のようになります。
- 現地調査型の研究を論文にまとめる際には、個別的な現地情報の寄せ集めにならないように、あるいは独りよがりの文章にならないように、先行研究のなかで自分の研究課題がどこに位置づいているのかを確認しましょう。
- 論文全体のストーリーを構築するためには、既存の思考枠組みを自明のこととして受け止めるのではなく、その適用可能性を疑い、自分なりに再検証してみましょう。
- 論文のストーリーが予定調和にならないように、矛盾点や逆説に注目して、ありきたりでないユニークな仮説を立ててみましょう。
- なぜその調査対象・地域を選んだのかについて十分に説明しましょう。

・できるだけ読みやすく簡潔な文章を心がけましょう。言いたいメッセージが読者に誤解なく伝わるように配慮しましょう。
・得られた研究結果がどのような学術的な意味をもつかについて十分に考察しましょう。

古来、「好きこそ物の上手なれ」と言われてきたように、研究対象に没頭し、現地での調査に熱中することは、比較教育学研究を飛躍させる上での必須条件です。その一方で、比較教育学研究のおもしろさや奥深さを多くの読者に伝えて、読者にも楽しんでもらうために、書き手はいろいろな創意工夫を重ねる必要があるでしょう。

参考文献

佐藤郁哉 (2015)『社会調査の考え方』(上下巻) 東京大学出版会

佐渡島紗織・吉野亜矢子 (2008)『これから研究を書くひとのためのガイドブック』ひつじ書房

近田政博 (2011)「比較教育学研究のジレンマと可能性 - 地域研究再考」『比較教育学研究』第 42 号, pp.111-122.

渡辺哲司 (2018)「書く訓練をする」近田政博編著『シリーズ大学の教授法 5 研究指導』玉川大学出版部, pp.120-130.

森下稔、服部美奈、鴨川明子 (2013)「定性的手法を用いた比較教育学研究」山田肖子、森下稔編著『比較教育学の地平を拓く 多様な学問観と知の共働』東信堂, pp.209-223.

参考サイト

近田政博 (2015)「論理的な文章の書き方入門」神戸大学附属図書館協同学修シリーズ第 5 回 https://www.youtube.com/watch?v=Rymh5EmNmro&t=1032s （2018 年 10 月 19 日最終検索）

第9章　理論研究のライティング・スキル

田中正弘（筑波大学）

1. はじめに

　北米比較国際教育学会元会長のアーノブ（Robert F. Arnove 2014: 25）によると、「比較教育学の主な目標の1つは、理論構築に貢献することである。すなわち、学校制度の働きについて、さらに学校制度とそれらを取り巻く経済、政治、文化、社会秩序との相互作用についての一般化が可能な命題を解明することである」。事実、海外（特に西洋）の比較教育学会の大会に参加してみると、理論構築を目指した発表が多々目につきます。ところが、日本の比較教育学会の大会では、残念ながら、理論構築を目指した発表は皆無に近いといえます。この原因として、馬越（2007: 65）は、「『理論は欧米から学ぶもの』という明治以来の『近代日本の習性』が、大学院における若い研究者の養成課程においてもいまだにみられるし、学会誌（ジャーナル）論文の審査においても、ユニークで独創的な仮説の提示よりも、限定したテーマを実証的に論及したものの方が一般的に評価されているという傾向がある」ためだと指摘しています。

　しかし、いつまでも「理論は欧米から学ぶもの」ということでいいのでしょうか。日本の比較教育学には幾重にも積み重ねられた歴史があることですし、そろそろ「世界に発信する理論の提示が必要な時期に来ている」（馬越 2007: 65）のではないでしょうか。

　そこで、本章は、比較教育学における理論研究の成果をどのように記述す

べきかについて、簡潔に説明してみましょう。なお、その本題に入る前に、「そもそも理論とは何ですか?」という疑問があるかもしれませんので、先にこの点について次節で簡単に触れてみます。

2. 理論とは

　理論とは、広辞苑第六版 (2008: 2968) によれば、「科学において個々の事実や認識を統一的に説明し、予測することのできる普遍性をもつ体系的知識」のことを意味します。つまり、様々な因子が絡み合って生じる現象を特定の因子に絞って解きほぐす(単純化する)ことで、法則(仮説)を見出し、その法則を用いて未来の現象を予測できるものを理論と呼びます。少し硬い表現でしたので、軟らかい表現に直してみます。現実の世界の現象は複雑な要因で起こることが多いです。しかし、それら全ての要因を考慮すると、その現象が起こる理由を説明するのは困難になります。そこで、重要だと思う要因のみを大胆に抽出(単純化)し、その要因がどのように作用しているのかを解明できれば、これから生じるであろう現象を説明しやすくなるでしょう。このため、理論は、ある種の現象が起こる理由を説明するのに便利なものといえます。例えば、物理学の分野で有名な理論に、ニュートンの運動方程式があります。この方程式は、高校レベルの教科書では、下記のように表されます。

$$ma = F$$

　m は質量、a は加速度、F は力のことを意味するので、この方程式によって、質量が一定の物体に力を加えると加速する、という現象が生じる理由を説明できます。

　ニュートンの運動方程式を自由落下運動に当てはめてみると、(重力)加速度が重さ、形、大きさによらず一定であると予測できます。ところが、実際は、鉄球と羽根の落下速度は空気抵抗のために大きく異なります。よって、空気

抵抗の影響を受けない真空中でなければ、この方程式は成り立たないことになります。真空のような日常ではあり得ない状態を「理想的な状態」と呼びます。この理想的な状態を自然科学分野では実験で作り出すことが比較的容易なのに対して、社会科学分野では通常困難です。このため、社会科学分野の理論を検証するのは難しく、反証可能性は低い（または、ない）ことが多いです。この点に十分注意を払う必要性を、著名な比較教育学者であるホームズ（Brian Holmes 2000: 130-131）は、以下のように唱えています。

> 決定的な経験的検証という手段をもたないために、社会科学者の立場は自然科学者とは異なる。自然科学者は、注意深く統制された実験において経験的検証に付すことができることを十分知っているので、厳密な検討なしに仮説的言明を思い描くことができる。科学者がそれらの仮説が反証可能であることを受け入れるならば、誤謬を容易に排除することができる。（しかし、社会科学者は）実験的条件の中でその仮説を検証することができない。したがって、誤っている仮説を自信をもって排除することができない。（このため、）政策上の解決策を仮説的に立案する場合、社会科学者は自然科学者よりもはるかに慎重になるべきである。同時に、比較教育学者は、政策上の解決策を、確証するためではなく反駁するために、比較による経験的検証に付すように努力すべきである。

自らが立てた仮説を「比較による経験的検証に付す」ことは、比較教育学者以外にも、良く用いられる手法です。例えば、日本でも話題となった『21世紀の資本』(2014) を著した、トマ・ピケティ（Thomas Piketty）も、この手法を活用しています。彼（2014: 28）は、「資本収益率が長期的に成長率を大きく上回っていれば（つまり、$r > g$ の不等式が成り立てば）、富の分配で格差が増大するリスクは大いに高まる」と警告しています。その上で、彼の理論（資本成長率は経済成長率を常に上回るという、$r > g$）が成り立つ理由を、20カ国以上の税務の推移を 200 年以上遡って追跡することで説明しています。よって、規模

の大きな比較研究といえます。

　ここで興味深いことは、不等式 (r > g) が成り立たない事例 (戦後間もない日本など) を、ピケティ自身がわざわざ記述している点です。換言すれば、自らの理論を自ら反証したことになります。自然科学の分野であれば、反証された理論は、もはや理論ではありません[1]。ところが、社会科学の分野では、ある程度の例外は許容されます。このため、例外の存在を前もって熟知しているのであれば、自ら先んじて紹介しておいたほうが、後から他者に指摘されるよりも望ましいと思われます。社会科学分野の理論で大事なことは、次節で詳述するように、極度の厳密さよりも、「説得力」または評者に与える「納得感」です。

　それでは、比較教育学における実際の理論研究で、説得力 (または納得感) をどのように得ようとしているのかを知る目的で、高等教育分野の著名な理論である、マーチン・トロウ (Martin Trow) の高等教育発展段階論[2]を次節で紹介してみます。

3. 高等教育発展段階論

　マーチン・トロウの名前を初めて聞いた読者でも、高等教育の「ユニバーサル化」という言葉なら聞いたことがあるのではないでしょうか。この言葉は一般的に用いられています。例えば、朝日新聞 (1996 年 10 月 13 日) 朝刊の社説「『全入』時代の大学像を問う」の中に、「大学のユニバーサル化」という表現がみられます。恐らく、高等教育に関する理論で最も日常的に使われているのが、「エリート→マス→ユニバーサル」という三つの「発展段階」(phases of development) に着目した、トロウの発展段階論です (トロウ 1976)。この理論が世間の耳目を集めた理由は、高等教育が「エリート段階」(進学率が 15% 未満) から「マス段階」(進学率が 15% 以上 50% 未満) へ、そして「ユニバーサル段階」(進学率が 50% 以上) へと「移行」(transition) していく際に、どのような葛藤や緊張 (および、その結果としての変化) が生じるかを予言し、かつ、それらの多く

表Ⅲ-9-1　高等教育制度の段階移動に伴う変化の図式

高等教育制度の段階	エリート型	マス型	ユニバーサル型
全体規模(該当年齢人口に占める大学在学率)	15%まで	15%以上~50%まで	50%以上
高等教育の機会	少数者の特権	相対的多数者の権利	万人の義務
大学進学の要件	制約的(家柄や才能)	準制約的(一定の制度化された資格)	開放的(個人の選択意思)
高等教育の目的感	人間形成・社会化	知識・技能の伝達	新しい広い経験の提供
高等教育の主要機能	エリート・支配階級の精神や性格の形成	専門分化したエリート養成+社会の指導者層の育成	産業社会に適応しうる全国民の育成
教育課程(カリキュラム)	高度に構造化(剛構造的)	構造化+弾力化(柔構造的)	非構造的(段階的学習方式の崩壊)
主要な教育方法・手段	個人指導・師弟関係重視のチューター制・ゼミナール制	非個別的な多人数制講義+補助的ゼミ、パート・タイム型・サンドイッチ型コース	通信・TV・コンピュータ・教育機器等の活用
学生の進学・就学パターン	中等教育終了後ストレートに大学進学、中断なく学習して学位取得、ドロップアウト率低い	中等教育後のノンストレート進学や一時的就学停止(ストップアウト)、ドロップアウトの増加	入学時期のおくれやストップアウト、成人・勤労学生の進学、職業経験者の再入学が激増
高等教育機関の特色	同質性(共通の高い基準をもった大学と専門分化した専門学校)	多様性(多様なレベルの水準をもつ高等教育機関、総合性教育機関の増加)	極度の多様性(共通の一定水準の喪失、スタンダードそのものの考え方が疑問視される)
高等教育機関の規模	学生数2,000~3,000人(共通の学問共同体の成立)	学生・教職員総数30,000~40,000人(共通の学問共同体であるよりは頭脳の都市)	学生数は無制限的(共通の学問共同体意識の消滅)
社会と大学との境界	明確な区分 閉じられた大学	相対的に希薄化 開かれた大学	境界区分の消滅 大学と社会の一体化
最終的な権力の所在と意思決定の主体	小規模のエリート集団	エリート集団+利益集団+政治集団	一般公衆
学生の選抜原理	中等教育での成績または試験による選抜(能力主義)	能力主義+個人の教育機会の均等化原理	万人のための教育保障+集団としての達成水準の均等化
大学の管理者	アマチュアの大学人の兼任	専任化した大学人+巨大な官僚スタッフ	管理専門職
大学の内部運営形態	長老教授による寡頭支配	長老教授+若手教員や学生参加による"民主的"支配	学内コンセンサスの崩壊?学外者による支配?

出典：天野郁夫・喜多村和之(1976)「解説」、マーチン・トロウ(著)、天野郁夫、喜多村和之(訳)『高学歴社会の大学―エリートからマスへ―』東京大学出版会、181-204頁、194-195。

が的中したことにあります。段階の移行に伴う高等教育の変化は、**表Ⅲ-9-1**の通りです。

　それでは、上記のような変化が段階の移行時に生じ得ると説明・予測する発展段階論を、トロウがどのように提唱したのかについて調べる目的で、彼の論文「高等教育の構造変動」(1973, 訳 1976) を参照してみましょう。

　この論文(和訳版)は、8節で構成されています。第1節の「はじめに」で、トロウは、世界各国の高等教育機関が多様な問題に直面している現状について触れ、それらの問題が別々に論じられていることに懸念を表明します。そして、それらの問題を互いに連関した、ひとまとまりの問題と見なすべきだと主張し、その方法として、高等教育の成長(進学率の上昇)の観点から問題を統一的に分析すべきだと論じています。つまり、高等教育の成長がトロウの理論の鍵になることをほのめかしています。

　第2節では、高等教育の成長が新たな問題を生み出したと力説し、いくつかの国の事例を記述しています。そして、進学率が上昇していくと、大学進学の意味も変わっていくという重要な提言をしています。すなわち、大学進学が特権から権利、さらに義務へと劇的に転化していくということです。なお、大学進学の意味が3段階で変化することは、「エリート→マス→ユニバーサル」という3段階の発想へとつながります。

　第3節では、欧州の事例をもとに、進学率の上昇は、エリート型の大学の拡大だけでは、やがて限界に達すると論じています。その限界点は、欧州の事例から、進学率15%だと推定されます。ただし、この数字の根拠は明確ではありません。多くの国の経験から、恐らく、その程度だろう、という推定に過ぎません。

　第4節において、トロウ(1976: 63-64)は、自らの理論の根幹をなす重要な主張を行います。その主張とは、下記の通りです。

　　近代になってエリート高等教育の制度が発展した国々では、同年齢層のおよそ15%を収容するところまでは、高等教育制度はその基本的な性

格を変えることなしに拡大を続けうるとみてよい。だがこの 15% というポイントをすぎると制度の性格に変化が生じはじめる。そこで段階の移行に成功すれば、この新しい制度は、同年齢層の 50% を収容するところまで、性格をかえることなく成長をつづけることができる。現在アメリカだけがこの 50% の線に到達している。

トロウは、変化のポイントは進学率が 15% と 50% の時で、それ以外のポイントでは大きな変化は生じないと述べているのです。これは大変強い主張だといえます。加えて、二つ目の変化のポイントは 50% という所見は、アメリカという唯一の事例から導かれているので、根拠薄弱といえます。

　ただし、根拠薄弱である点に関しては、トロウに同情すべきかもしれません。というのも、自らが立てた仮説を比較による経験的検証に付そうとしても、1970 年代初め頃において、トロウの考えるユニバーサル化した高等教育がアメリカにしか存在しなかった訳ですから、経験的検証を行いたくてもほとんどできなかったためです。このように、検証方法が乏しいという状態は、社会科学分野の理論研究を難しくする一つの要因となっています。

　第 5 節で、トロウ (1976: 84) は、段階移行時に生じる変化のパターンに、右記のように言及しています。「変化のパターンだが、ほとんど例外なく、他の制度上の変化に先行して学生数の増加が起こる。その特質からいって、高等教育制度が量的拡大に先んじて、それへの対応に必要な改革をあらかじめ進めておくということは、まずありえない」。大学には、将来の進学率の上昇を見据えて、自らの制度を事前に改めていく力がないというのは、なんともひどいいわれようです。とはいえ、この変化のパターンが成り立たないと、段階移行時以外のポイントでも大きな変化が生じてしまうことになり、第 4 節の主張も成り立たなくなってしまいます。その結果、トロウの発展段階論そのものが脆弱になってしまいます。

　従って、「制度上の変化に先行して学生数の増加が起こる」という考え方は、絶対に死守しなければならないものです。ところが、トロウ (1976: 84-85) 自

身が、変化のパターンに例外があることを、下記のように明言してしまっています。

> ただし重要な例外もある。南北戦争後のアメリカの「国有地付与」(land-grant) 州立大学がそれである。はじめから民主主義と総合制の理念に立ち、学問と職業教育、社会へのサービスを目的にかかげたこれらの大学は、時代をはるかに先取りするものだった。実際、それは高等教育の在学者数がマス段階に特徴的な比率に達するはるか以前に、マス高等教育を志向した大学であったといってよい。

学生の増加に先行して制度上の変化が起こることはあったのです。

　第6節、第7節において、トロウは発展段階論で予測できる未来について論じています。そして、最終節のまとめで、トロウ (1976: 121) は、発展段階論の不完全さを素直に認めた上で、それでもなお理論の提示を止めない理由を下記で端的に述べています。

> この論文のねらいは、高等教育の形態の変化に関する統計的な報告や比較調査などと違って、知識を深めたり、広めたりすることにあるのではない。むしろ先進諸国における高等教育の発展についての一つの考え方を提示し、さらにはこうした発展をめぐる相互に関連しあった問題のひとつの整理の仕方を提供することに、そのねらいがある。この中で私がある程度自信を持って言い切った事柄の多くについて、当然別の意見がありうるだろう。その一部は、少なくともある国では、経験に照らしてみて、実際に誤っているかも知れない。しかしそれはさして重要なことではない。重要なのは、これまで私が投げかけてきた疑問、明確にしてきた問題点や争点が、エリートからマスへという高等教育の移行を経験しつつある社会で、いま教育関係者や政治家、学生、一般大衆が直面しているディレンマや問題と本当に同じであるのかどうか、という点であ

る。(傍点は本章の著者が付加しました。)

　誤りの有無は「さして重要なことではない」のです。理論で何を一般化できたのか、そして何を予測できるのか、そしてそれらに説得力があるかが、極度の厳密さより肝要なのです。
　それでは、次節で、比較教育学における理論研究の論文構成例を略述してみましょう。

4. 理論研究の論文構成例

　理論研究の論文を比較教育学分野の学術誌に投稿したいのであれば、ある程度伝統的な構成にしたがった方が良いでしょう。なお、先記したトロウの論文は、OECDに提出された報告書に近い論文であったため、構成は幾分ルーズになっています。では、伝統的な構成の一例として、5節(はじめに、先行研究、比較検証、考察、まとめ)で構成される案を提示してみます。
①「はじめに」において、問題の所在を明らかにし、その問題に関する仮説を提示し、その仮説から導かれる結論を明示します。学術論文では、仮説の提示と結論の明示を後出しにしないことをおすすめします。
②「先行研究」は、理論研究でも、立ち位置を明確にするために必要です。
③「比較検証」では、できるだけ多くの国(少なくとも3カ国以上)の事例で、仮説をテストするのが望ましいです。さらに、それら国は、できるだけ言語・文化・地理的条件が大きく異なるのが望ましいです[3]。なぜなら、複数の丸い果物を比較した結果、帰納法を用いて、推測「全ての果物は丸い」という結論を導いたりする誤りを避けるべきだからです。また、テストする事例は、できるだけよく知られた歴史的事実から選ぶべきです。というのも、自らの仮説を肯定する、都合の良い事実を恣意的に抜き取ったという批判を避けるためです。
④「考察」において、自らの仮説が比較検証の結果、どの程度の説得力を

得られたかを論じます。その際に、仮説と矛盾する事例がある場合、なぜ矛盾するのかを説明する必要があります。
⑤「まとめ」で、考察結果のまとめだけでなく、仮説で予測できる未来を提示できれば素晴らしいと思います。

理論研究の論文執筆には、以下のようなテクニックがあります。
・論文執筆の構想段階で、演繹法による「思考実験」を試みる。なお、演繹法とは、自明の理論「AはBである」などをつないでいくことで、仮説(結論)を見いだす推論方法のことです。
・演繹法で導かれた仮説の妥当性をテストするために、膨大な量の歴史的事実と照合する。なお、この作業は「ブラックスワン」(白鳥は白いという常識を否定する事実、つまり、自分がまだ知らない例外)の存在を徹底的に探しておくためのものです。
・結論(仮説)が、人々が普段おぼろげに描いている「未来予想図」と合致するとき、その研究成果は耳目を集めやすい。

5. もう一つの理論研究

　理論研究には、理論構築を目指すもの以外に、既存の理論を援用して自らの主張の証明を行うものもあります。比較教育学分野であれば従属理論などがよく用いられます。例えば、アルトバック(1994)は、著書『比較高等教育論』で、大学を「中心―周辺」の観点から、世界における「支配―従属」関係を明らかにしています。既存理論の援用研究は、日本でも(その数は少ないものの)実施されています。山田・西村(2013: 55)によると、日本比較教育学会の会員を対象とするアンケート調査の結果から、会員が研究の際に依拠する主な理論には、「従属理論、世界システム論、ポストコロニアリズム論、内発的発達論、ポストモダニズム論、近代化論、ジェンダー論」があることが明らかになっています。

6. おわりに

著者（田中正弘）は日本で生まれ、学士課程を卒業するまで日本の教育だけを受けてきた、コテコテの日本人です。そのような外界を知らない人間がイギリスの大学院に飛び込んだ時の学術的なカルチャー・ショックは、とても大きなものでした。当時の私を苦しめた質問は「What is your theory?」です。このため、理論構築のコツを指導教員に尋ねたところ、その返答は「Why don't you debate with yourself philosophically?」で、私をさらに苦しめることになりました。というのも、哲学的に物事を考えるという習慣が、修士課程の学生だった頃はほとんど身についていなかったためです。

博士課程に進み、本格的に理論構築に打ち込むことになりましたが、当時の私にとって、欧州の比較教育学者が学会などの場で披露する独自理論は、何かを言っているようで何も言っていないか、単なる言葉遊びにしか聞こえませんでした。そのような疑問を抱えつつ、博士論文をなんとか仕上げましたが、自分の理論も役に立たない「ジャーゴン」（jargon）に過ぎないのではと、出版後に多々寄せられる批評に毎回ビクビクしていました。

理論研究、特に理論構築を目指した論文を発表するのは勇気のいることです。しかし、これから研究者の道を歩もうとしている読者の皆さんには、世界を相手に、世界で通用する理論の構築に是非とも果敢にチャレンジしてほしいものです。なお、世界を相手にというと、荷が重すぎると感じるかもしれません。その場合は発想の転換をおすすめします。すなわち、身近な問題から理論化の糸口をつかむことです。事実、本章で触れたピケティやトロウの理論は、自国で生じている問題は他国でも生じているのか、という疑問が出発点になっています。従って、皆さんも、「日本で顕著に見られる現象は日本だけの現象ではない」（園田 1991: 33）かもしれないという視点で、他国でも生じている（生じていない）理由を常日頃から考える癖を身につければ、ある日突然、何かがひらめくかもしれません。

注

1　反証された理論でも、有用な理論はたくさんあります。例えば、先記したニュートンの運動方程式は、相対性理論の登場によって、成り立たない場合があることが証明されたものの、日常的な運動であれば、有用であることに変わりはありません。
2　トロウは自らの理論を「構造＝歴史論」(Structural-Historical Theory) と呼んでいますが、この呼び名は普及していないため、よく知られた発展段階論という文言を用いました。
3　ただし、対象国を選ぶ基準には一定の制約も必要です。例えば、旧共産圏の教育の資本主義化を一般化するのであれば、ブルガリア、エチオピア、モンゴルなどの旧共産圏を比較すべきです。なお、世界的な傾向をモデル化する場合などは、主要先進国（アメリカ、日本、ドイツ、イギリス、フランスなど）が、無批判に選ばれることが多いです。

参考文献

天野郁夫・喜多村和之 (1976)「解説」、マーチン・トロウ (天野郁夫・喜多村和之訳)『高学歴社会の大学―エリートからマスへ―』東京大学出版会、pp.181-204

馬越徹 (2007)『比較教育学　越境のレッスン』東信堂

園田英弘 (1991)「逆欠如理論」日本教育社会学会編『教育社会学研究』第49集、pp.9-33

フィリップ・G・アルトバック (馬越徹監訳) (1994)『比較高等教育論―「知」の世界システムと大学』玉川大学出版部

ブライアン・ホームズ (2000)「社会科学としての比較教育学―因果関係論・決定論との関連において―」、ユルゲン・シュリーバー編 (馬越徹・今井重孝監訳)『比較教育学の理論と方法』東信堂、pp.117-143

マーチン・トロウ (1976)「高等教育の構造変動」、マーチン・トロウ (天野郁夫・喜多村和之訳)『高学歴社会の大学―エリートからマスへ―』東京大学出版会、pp.55-123

山田肖子・西村幹子 (2013)「日本の比較教育学における伝統と多様化―学会員アンケートの傾向分析から」、山田肖子・森下稔 (編著)『比較教育学の地平を拓く　多様な学問観と知の共働』東信堂、pp.47-70

ロバート・F・アーノブ (2014)「比較教育学の再構築―グローバルとローカルの弁証法」ロバート・F・アーノブほか編 (大塚豊訳)『21世紀の比較教育学　グローバルとローカルの弁証法』福村出版、pp.21-56

第Ⅳ部
比較教育学の研究倫理

第10章　比較教育学の研究倫理　　武寛子・山内乾史・澤野由紀子

第10章　比較教育学の研究倫理[1]

武　寛子 (神戸大学)
山内乾史 (神戸大学)
澤野由紀子 (聖心女子大学)

1. はじめに

　社会に様々なルールがあるように研究の世界にもルールがあります。研究費の不正使用だけでなく、データの捏造、改ざん、あるいは他人の研究の盗用、盗作等、してはならないものと考えられているいくつかのルールがあります。これらは守るのが望ましいということではなく、守らねばならないものです。守らないときには、博士学位の授与取り消しや免職、研究の世界から追放されるなどの大きな社会的制裁を伴います。しかし、それにもかかわらず、研究の世界における不正行為は後を絶ちません。

　研究不正の多くは地位（テニュアの獲得や学会長への着任、昇任・栄転）、名誉（学会賞受賞等）、金銭（研究費の獲得）等の欲に絡むものも多くみられますが、単純な無知に起因するものも少なくありません。例えば「『コピー＆ペースト』を悪いことと思っていない」などはその例でしょう。

　また不正行為とは別に、情報提供者、研究協力者の人権や個人情報への配慮が求められます。個人名を論文や口頭発表の中で明示しない場合でも類推されないようにするなどの配慮が研究者には求められますが、社会科学系の研究の場合には様々なトラブルが発生しています。本章では比較教育学研究に求められる研究倫理について概観します。

2. 文部科学省のガイドラインと三つの特定不正行為

　2000年に旧石器捏造事件が起きて以来、21世紀になってから様々な研究不正がありました。インターネットの普及に伴ってコピー＆ペーストが簡単に行われるようになったことも一因ですが、同時にそのコピー＆ペーストを簡単にチェックできるようになった（専用ソフトも開発されている）ことも研究不正の発覚が増加している一因です。STAP細胞をめぐる騒動の直後、文部科学省は2014年8月26日に当時の下村博文大臣決定として「研究活動における不正行為への対応等に関するガイドライン」[2]を定めました。その「はじめに」において、下記のように述べられています。

> 　科学研究における不正行為は、真実の探求を積み重ね、新たな知を創造していく営みである科学の本質に反するものであり、人々の科学への信頼を揺るがし、科学の発展を妨げ、冒瀆（ぼうとく）するものであって、許すことのできないものである。このような科学に対する背信行為は、研究者の存在意義を自ら否定することを意味し、科学コミュニティとしての信頼を失わせるものである。
>
> 　科学研究の実施は社会からの信頼と負託の上に成り立っており、もし、こうした信頼や負託が薄れたり失われたりすれば、科学研究そのものがよって立つ基盤が崩れることになることを研究に携わる者は皆自覚しなければならない。厳しい財政事情にもかかわらず、未来への先行投資として、国民の信頼と負託を受けて国費による研究開発を進めていることからも、研究活動の公正性の確保がより一層強く求められる。
>
> 　また、今日の科学研究が限りなく専門化を深め複雑かつ多様な研究方法・手段を駆使して行われる結果、科学的成果・知見が飛躍的に増大していく反面、研究者同士でさえ、互いに研究活動の実態を把握しにくい状況となっていることからも、研究者が公正に研究を進めることが従来以上に重要になってきている。

文部科学省のガイドラインは 2015 年 4 月 1 日から適用されています。このガイドラインにおいて、**特定不正行為**なるものが定められています。

> 3) 対象とする不正行為 (特定不正行為)
> 　本節で対象とする不正行為は、故意又は研究者としてわきまえるべき基本的な注意義務を著しく怠ったことによる、投稿論文など発表された研究成果の中に示されたデータや調査結果等の捏造、改ざん及び盗用である (以下「特定不正行為」という。)。
> 　① 捏造
> 　存在しないデータ、研究結果等を作成すること。
> 　② 改ざん
> 　研究資料・機器・過程を変更する操作を行い、データ、研究活動によって得られた結果等を真正でないものに加工すること。
> 　③ 盗用
> 　他の研究者のアイディア、分析・解析方法、データ、研究結果、論文又は用語を当該研究者の了解又は適切な表示なく流用すること。
> 　なお、研究機関における研究活動の不正行為への対応に関するルールづくりは、上記 (1) から (3) までの対象に限定するものではない。例えば、研究活動に関しては他府省又は企業からの受託研究等による研究活動など研究費のいかんを問わず対象にすべきである。

3. 研究倫理と研究指導

さて、若手研究者に関して、同ガイドラインでは下記のように書かれています。

> 若手研究者を育てる指導者自身が、この自律・自己規律ということを

理解し、若手研究者や学生にきちんと教育していくことが重要であり、このこと自体が指導者自身の自己規律でもある。

　この責任は第一義的には所属機関、指導教員にかかってくるわけですが、科学コミュニティとしての所属学会にも、当然この機能は求められます。日本比較教育学会も学会として若手研究者の研究倫理について啓蒙活動を行うことが求められているわけです。
　大学院生、ポスドク、助教など若手研究者を抱える大学・研究機関の教員・研究者は「研究指導」を行うことを求められます。**この研究指導は「指摘」や「指示」とは異なります。**例えば、若手研究者が学術論文を書くときに、リサーチ・クエスチョンの立て方・書き方、参考文献の表示法、図表の作成法、誤脱字等について、アドバイスすることはもちろん必要です。しかし、それは「指摘」です。もし、論文の書き方についてならば、当該研究者よりも少し年長の中堅、若手の研究者に「指摘」、「指示」してもらう方が、効果的でしょう。そうではなく、「研究指導」とは、こういった技術的な「指摘」、「指示」にとどまらない、研究倫理を含む「研究観」の育成など、より高次の人間形成にかかわるものです。つまり、**「研究指導」とは、研究に関する指導を通じて人間形成を行うということです。**したがって「研究指導」は、ある程度経験を積んだ教員・研究者でないと務まりません。「研究指導」において研究倫理の徹底は最重要項目の一つです。
　濱中淳子(2009)は大学院教育においては、授業のシステム化よりも研究室教育が重要であると説きましたが、まさに研究室における人間形成を含む研究指導が重要であり、指導教員はゼミ生、指導生たちに模範を示さねばなりません。大学院生についても、特に文科系の後期課程になると研究室には全く出てこずに自宅で研究を進めるだけというケースも多くみられます。もちろん、事情にもよるのですが、上記の観点からはいかがなものかと考えます。研究室の運営の仕方、研究室での助言・指導の仕方を、指導教員や先輩から学んでいく、その姿勢を求められるからです。研究倫理は、座学では十分に

身につきません。本を一冊読んで十分に身につくものではありません。研究室の中で、指導教員や先輩の研究報告にふれ、指導を受ける中で自然と身についていくものです。

さて、以上述べてきたことは、学問領域のいかんにかかわらず、研究に携わる者が順守すべきルールです。日本比較教育学会の場合、「**①捏造**」については定量的研究における架空のデータ、ないしは解析結果の作成、定性的研究においては架空のインタビュー・データ、フィールドノートの作成などが当てはまります。

(事例1) 捏造
- 予算が不足していたので実際にはフィールドに行けずインタビューをできなかったけれども、他の研究者による研究を見ていたら「大体こんな感じかな」とフィールドノートに想像で書き込んだ。
- アンケート調査をしたところ、回収率が悪かったので、自分でいくつかサンプルを想像で作り出し、加えた。

「**②改ざん**」については①と同様で部分的に正しいものの、一部のデータや解析結果に捜索を加え、加工することです。

(事例2) 改ざん
- 定量的データの一部に不調和な数字があるので、さしたる根拠もなく、他のデータと調和するように調節した。
- フィールドでのインタビューにおいて、こちらの期待する応えとは異なる回答が寄せられた。論文執筆において支障があるので、一部、自分の都合のいいように書き替えた。

「**③盗用**」については剽窃ともいわれ、定量的研究、定性的研究を問わず、他の研究者が持っていたアイディア、データ、フィールドノート、解析方法・

結果、論文を原著者の了解なく、無断で使用することであり、論文の一部（ないしは全部）を無断で引用すること等も含みます。例えば、学会や研究会における他人の口頭発表とその資料、自分が審査員として評価した研究費申請書、自分が関わったゼミ生や後輩の卒業論文、修士論文、博士論文等学術論文のアイディアやデータを自分の発見であるかのように、自分の名前で公表することも当然含みます。繰り返しますが、形になった論文等についてだけでなく、**形になっていないアイディア等も無断で拝借することは盗用そのものです**。また羽田貴史（2017）が指摘する通り、盗用と著作権侵害は別の概念です。

（事例3）盗用
- 後輩の研究の相談に乗っていたら面白そうなアイディアだなと思い、後輩には無断で拝借した。
- ゼミで指導している院生に論文の発表をさせたところ、ちょうど自分が必要としていたデータだったので、院生に無断で学会発表に使用した。
- 研究対象国を同じくする研究者が集まる研究会で、他大学院の留学生が博士論文の中間報告として発表したテーマと資料が今まで日本では研究されていない興味深いものだったので、自分で他の資料にもあたって調査し、留学生による先行研究があることにはふれずに単著論文を書き、学会誌に発表した。
- 共同で行った調査のフィールドノートを自分一人の功績であるかのように、単著論文や著書で使用した。

4. 人を対象とする研究における倫理

黒木登志夫（2016）は「誠実で責任ある研究」が人々の信頼を得る研究であると述べています。黒木によれば、誠実な研究にとっては、Academic Integrity、つまり、知的誠実さ、学問的誠実が不可欠です。他方、責任ある研究にとっては、黒木によれば、意義、社会性、正確性、客観性、透明性、再現性、公

正性、尊厳を条件とします。また、黒木は生命科学の領域では生命倫理違反を研究不正と考えておられるわけですが、比較教育学においては、「個人情報へ配慮、人権への配慮」を挙げておかねばならないでしょう。また、「先行研究、先人への敬意」を挙げておきたいと考えます。

研究不正に限らず、研究倫理ということでいうならば、研究結果の整理、分析、講評の段階だけでなく、研究の過程においても様々な倫理観が求められます。特にインタビュー調査やアンケート調査の実施、分析では、調査協力者への配慮が重要になります。

さらに各大学・研究機関は人を対象とする研究を行う際の倫理規定を定め、研究倫理審査委員会を設けて研究計画の審査を行うことを義務づけています。アンケート調査、インタビュー調査や参与観察など、人を対象とする調査研究を実施する前に、所属大学・研究機関において定められている手順に従い、研究倫理審査に申請し、研究実施の承認を受けなければなりません。

人を対象とする調査研究の実施においては、例えば、次のような点について留意が必要です。
・調査実施のすべての段階において、調査対象者に対して事前に文書により調査内容を通知し、行うとする調査研究が、所属機関の研究倫理審査に合格したものであること、調査内容を分析対象とすることや調査データの管理方法と期限、ならびに研究成果の公表の仕方について承諾書を用意し署名を求めるなどして承諾を得る。
・インタビュー調査の際は、調査対象者に事前に研究内容、分析方法、分析結果の公開方法について詳しく説明し、調査の理解・協力を得る。
・アンケート調査の実施の際には、調査協力依頼文に個人が特定できないように配慮することを明記し、分析結果を公開する方法についても事前に伝える。
・データ分析の段階では、調査対象者が特定できないように配慮する。
・個人情報に関するファイルを管理し、紛失や漏洩のないようにする。

・論文公開の際には、内容を公表する前に、調査対象者に対して調査結果の内容確認を依頼し、表記内容に不備、私的事項の漏洩がないかを確認する。
・論文を公開する段階になったら、改めて調査協力者へお礼を伝え（調査協力を拒否された場合も）、分析結果を報告する。

　インタビュー調査は、聞き取りを進める過程で調査協力者の解釈を確認することにもつながり、調査実施者と調査協力者との間のラポール（信頼関係）によっては調査内容が左右される場合もあります。佐藤郁哉（2008）は、インタビュー調査で聞き取りをする際に調査協力者とラポールを形成することの重要性を指摘しています。調査協力者とラポールを築くためにも、調査実施者は調査分析に対する研究倫理を念頭において行動し、調査協力者から研究者としての信頼を得ることが求められます。
　また、共同研究の場合、必ず、論文について共同研究者の了解を細部にわたって取っておくことが重要です。特に国際共同研究の場合には、著作権についての考え方が国家間で異なりますので、調査実施に当たって細部まで事前に打ち合わせる必要があります。また日本国内に限定しても、専門分野によって異なりますので、詳細な打ち合わせが必要です。
　またそれと関係しますが、フィールドノート等は論文の印刷公表後も保存しなければなりません。STAP細胞をめぐる騒動に関係して、生命科学系での実験ノートの扱いについて話題になりましたが、**フィールドワークを伴う比較教育学研究の場合にはフィールドノートの保存は必須**です。特に共同研究の場合には保存しておかないと後々トラブルが発生したときに対処できません。

（事例4）人権への配慮の欠如
・インタビュー対象者には無断で（あるいは十分な説明もなく）顔が判別できるような写真を論文中に掲載した。

・インタビュー対象者の政治的信条や信仰について尋ねた論文で、本人が特定できるような記述になっている。

5. 研究成果公表の際の倫理

　成果の公表の方法においても、上記のすべてに配慮が必要です。先行研究や引用文献、データの出所を明示することなどのほかに、例えば「二重・多重投稿（同一・あるいは酷似論文を複数のメディアに同時に投稿する）をしない」、「自己盗用（自分がかつて公表した文章、図表等を、出典を明示せずに使いまわす）をしない」、等の研究不正とは別の研究倫理も求められます。

(事例5) 二重投稿
・宝くじや馬券を買うような感覚で同一データに基づく酷似した論文を二つの学会誌に同時期に投稿した。どちらか一つ採択されたらラッキーと思っていた。

(事例6) 自己盗用
・自分が過去に執筆した論文をごく部分的に替えただけで、中核的な個所はほぼ同一の論文を新たな発見であるかのように、（過去に使用したデータであることを明記せずに）発表した。

　また、論文の最後にクレジットとして、研究に貢献してくれた人々への謝辞や、研究資金の出所を明記することも必要です。

6. 不適切な研究行為の顛末

　これらの研究不正、研究倫理に抵触する行為はいったん発覚すると研究者としてその後活動することが著しく困難になり、また定職についている場合

には懲戒処分の対象となり、最悪の場合には職を失います。また、インターネットの世界において、その不名誉な記録が、実名とともに拡散し、残ります。黒木の著書では研究不正に関する42の事例があげられていますが、そのうち12件が日本の事例です。そこには25名の人物がイニシャル表記で出てきますが、現在でもインターネットで調べれば簡単に25名すべての実名が判明します。

7. 日本比較教育学会の倫理綱領

さて、日本比較教育学会においては2007年に倫理綱領を定めています。全文を引用しておきます。

日本比較教育学会倫理綱領

(平成19年度総会制定)

1. 日本比較教育学会は、会則第6条の規定に基づき、学会としての社会的責任の明確な履行、並びに会員による研究の公正性の確保を目的として、この倫理綱領を定める。
2. 会員は、研究の実施にあたっては、法令等を遵守するとともに、調査地の文化、宗教、慣習を尊重する。会員は、自身並びに研究に関わる者の安全に留意する。
3. 会員は、研究の実施にあたっては、情報提供者に対して、その人権を最大限尊重し、身体的、心理的、社会的な危害を加えることがないように留意する。
4. 会員は、研究の実施にあたっては、情報提供者に対して、当該研究の目的、研究経費の財源、研究成果の公表方法等について明確に説明する。
5. 会員は、研究の実施にあたっては、情報提供者のプライバシーを尊重し、個人データ等の秘密を厳守する。
6. 会員は、研究の実施にあたっては、資料、データ等の捏造、改ざんを行

わない。会員は、研究の独創性および他者の著作権等の知的財産権を尊重する。

　この倫理綱領の1から5については人権や個人情報等への配慮といったことが中心になっており、先述の研究プロセスでの倫理に関わるものです。他方、研究不正に関することは6で述べられていますが、概ね、先の文部科学省のガイドラインについて述べられていることと同様です。

　他にも以上挙げてきたこと以外にも、研究費を公正に使用するという要請は、ますます強まっています。年度末に余った研究費を業者を通じてプールするとか、院生への謝金と称して引き出してソフトマネーを確保するとか、様々な研究費の不正使用の例をあげればきりはありませんが、私費ではなく、公的な性格を持つ研究費ですから、定められたルールにのっとって公正に使うことは研究者としての社会的責任です。
　自分の指導する院生・学生たちや後輩たちによい意味での模範となるよう、より高い倫理的基準を持って研究に励むことが望まれているということです。

注
1　本章は、山内が全体の下書きを作成し、澤野と武が加筆し、さらにその後山内が調整するという過程を経て作成されました。
2　http://www.mext.go.jp/b_menu/houdou/26/08/__icsFiles/afieldfile/2014/08/26/1351568_02_1.pdf#search=%27%E7%89%B9%E5%AE%9A%E4%B8%8D%E6%AD%A3%E8%A1%8C%E7%82%BA%27　2017年8月28日閲覧

参考文献
科学技術社会論学会編(2017)『研究公正とRRI(科学技術社会論研究14)』玉川大学出版部
黒木登志夫(2016)『研究不正―科学者の捏造、改竄、盗用―』中央公論新社
佐藤郁哉(2008)『組織と経営について知るための　実践フィールドワーク入門』有斐閣

東北大学高度教養教育・学生支援機構編 (2017)『責任ある研究のための発表倫理を考える(高等教育ライブラリ 11)』東北大学出版会、特に、羽田貴史「人文・社会科学分野における研究倫理の課題」pp.65-81 は重要です。

濱中淳子 (2009)『大学院改革の社会学―工学系の教育機能を検証する―』東洋館出版社

日本学術振興会 (2015)『科学の健全な発展のために』編集委員会編『科学の健全な発展のために―誠実な科学者の心得―』丸善出版株式会社　(https://www.jsps.go.jp/j-kousei/data/rinri.pdf からテキストのみ閲覧可)

NHK スペシャル (2017)『追跡 東大研究不正―ゆらぐ科学立国ニッポン―』2017 年 12 月 10 日放映

索 引

あ行

アジア比較教育学会（CESA）	76
市川昭午	19
一文一義	102
一般化	88
一般理論	97
今井重孝	19
因果関係	87, 91
インタビュー調査	25
インパクト評価	11
ウィリス、P.	25
英国国際比較教育学会（BAICE）	76
エスノグラフィ	18, 25, 28
エスノグラフィ研究	25
M-GTA（修正版グラウンデッド・セオリー）	27
演繹法	116
オリジナリティ	56

か行

改ざん	121, 123, 125
概念的コンテキスト	84
概念モデル	46, 47
科学コミュニティ	122, 124
仮説	17, 18, 47, 100
仮説検証型	17
仮説生成型	18
疑似実験法	91
木下康仁	26
逆説	100
教育の新植民地主義	98
教育の内部効率性	6
グループフォーカスインタビュー	18
黒木登志夫	126, 130
経験的検証	109
計量研究	43
計量モデル	48
研究活動における不正行為への対応等に関するガイドライン	122
研究指導	124
研究不正	121, 122, 127, 129, 130, 131
研究倫理	121, 123, 124, 127, 129
研究倫理審査	127
研究倫理審査委員会	127
原語表記	103
現地語の文献リスト	104
現地調査型研究	95
構造化面接法	15, 21, 22
高等教育発展段階論	110
後発効果	97
国際学術誌	70
国際学術出版社	70
国際数学・理科教育動向調査	7
こちらの世界	101
混合研究	5

さ行

再現性	49
作業仮説	48
参考文献	102
サンプリング	88
サンプル（標本）	89
参与観察	28
試験効果	93
思考実験	116
自己盗用	129
事象	36
実験的研究	11
実験法	91
質的研究	5

質問紙調査	86	問い	31
質問票調査	15	統計的手法	87
自分探しの旅	96	統計的に有意な差	89
志水宏吉	25	盗作	121
下村博文	122	盗用	121, 123, 125, 126
社会化	103	特定不正行為	122, 123
社会的文脈	87	トロウ、M.	110
従属理論	116		
詳細面接法	20	**な行**	
焦点面接法	20		
情報の取捨選択	59	納得感	110
真実	38	二重・多重投稿	129
深層面接法	20, 23	日本比較教育学会	75, 130
人的資本論	97	捏造	121, 123, 125
信頼関係（ラポール）	20, 23, 128	ネーミング	36
数値化	48		
ストーリー	99	**は行**	
成熟効果	92		
生徒の学習到達度調査	7	バイアス	88
青年海外協力隊	100	羽田貴史	126
世界比較教育学会（WCCES）	76	パネルデータ	90
説得力	110	濱中淳子	124
線形回帰分析	9	パラグラフ・ライティング	102
先行研究	56, 99	半構造化面接法	22, 23
先行研究の森	96	反証可能（性）	43, 45, 109
先行研究レビュー	84	比較	29
専門用語	102	比較検証	115
相関関係	87, 91	比較の対象	101
操作的概念	87	ピケティ、T.	109
想像の共同体	98	非構造化面接法	21-23
		非実験的研究	10
た行		非実験法	91
		ビデオ・エスノグラフィ	38
他者	37	非同質性バイアス	92
妥当性/正当性	87	一人語り	97
知的財産権	131	費用効果分析	13
著作権	128, 131	剽窃	125
著作権侵害	126	フィールドノーツ	32
定量的手法	83	フィールドワーク	25, 54
テクニカルノート	51	藤田英典	25
データ	87	ブラックスワン	116
データ収集方法	87	プレゼンテーション・ツール	71

文化的再生産	97	モデル式	46
分散	88	文部科学省	122, 131
分析の手続き	49		
文脈	35	**や行**	
平均値	88		
「ベタ」な現地情報	96	予定調和的な結論	99
北米比較国際教育学会（CIES）	76		
母集団	89	**ら行**	
補助線	104		
翻訳	38	リサーチ・クエスチョン	83, 96
		略語	102
ま行		量的研究手法	30
		量的研究	5
民族誌	28	理論	36
向こうの世界	101	理論研究	107
無作為抽出実験	9, 13	理論構築	107
メタ的な思考枠組み	97	理論とは	108
面接法	18, 20-25	ロジスティック回帰分析	9
モデル	44		

執筆者一覧（執筆順、○印編著者）

小川 啓一	神戸大学大学院国際協力研究科教授（第1章）
原　清治	佛教大学教育学部教授（第2章）
中矢 礼美	広島大学大学院国際協力研究科准教授（第3章）
米原 あき	東洋大学社会学部教授（第4章）
乾　美紀	兵庫県立大学環境人間学部准教授（第5章）
北村 友人	東京大学大学院教育学研究科准教授（第6章）
西村 幹子	国際基督教大学教養学部教授（第7章）
近田 政博	神戸大学大学教育推進機構／大学院国際協力研究科教授（第8章）
田中 正弘	筑波大学大学研究センター准教授（第9章）
澤野 由紀子	聖心女子大学文学部教授（第10章）
武　寛子	神戸大学大学院国際協力研究科国際化推進室学術研究員（第10章）
○山内 乾史	神戸大学大学教育推進機構／大学院国際協力研究科教授（第10章）

若手研究者必携　比較教育学の研究スキル

2019年1月20日　初　版第1刷発行　　〔検印省略〕
定価はカバーに表示してあります。

編著者Ⓒ山内乾史／発行者　下田勝司　　印刷・製本／中央精版印刷

東京都文京区向丘1-20-6　　郵便振替 00110-6-37828
〒113-0023　TEL (03) 3818-5521　FAX (03) 3818-5514　　発行所　株式会社 東信堂

Published by TOSHINDO PUBLISHING CO., LTD.
1-20-6, Mukougaoka, Bunkyo-ku, Tokyo, 113-0023, Japan
E-mail : tk203444@fsinet.or.jp　http://www.toshindo-pub.com

ISBN978-4-7989-1518-0 C3037　Ⓒ Kenshi Yamanouchi

東信堂

書名	著者	価格
若手研究者必携 比較教育学の研究スキル	山内乾史編著	二〇〇〇円
リーディングス 比較教育学 地域研究へ	西野節男・中矢礼美編著／近藤孝弘編著	三七〇〇円
比較教育学事典	日本比較教育学会編	一二〇〇〇円
比較教育学の地平を拓く――多様性の教育学へ	森下稔編著	四六〇〇円
比較教育学――越境のレッスン	馬越徹	三六〇〇円
比較教育学――伝統・挑戦・新しいパラダイム	M・ブレイ編著／馬越徹・大塚豊監訳	三八〇〇円
国際教育開発の研究射程――「持続可能な社会」のための比較教育学の最前線	北村友人編著	二八〇〇円
国際教育開発の再検討――途上国の基礎教育・普及に向けて	小川啓一・北村友人・友川幹人編著	二四〇〇円
ペルーの民衆教育	工藤瞳	三二〇〇円
アセアン共同体の市民性教育――教育の変容と学校での受容	平田利文編著	三七〇〇円
市民性教育の研究――日本とタイの比較	平田利文編著	四二〇〇円
社会を創る市民の教育――協働によるシティズンシップ教育の実践	桐大谷友秀・谷正信編著	二五〇〇円
アメリカにおける多文化的歴史カリキュラム	桐谷正信	三六〇〇円
アメリカ公民教育におけるサービス・ラーニング	唐木清志	三八〇〇円
発展途上国の保育と国際協力	浜野隆・三輪千明著	二九〇〇円
中国教育の文化的基盤	顧明遠／大塚豊監訳	三六〇〇円
中国大学入試研究――変貌する国家の人材選抜	大塚豊	三二〇〇円
東アジアの大学・大学院入学者選抜制度の比較――中国・台湾・韓国・日本	南部広孝	三二〇〇円
中国高等教育独学試験制度の展開	南部広孝	三三〇〇円
中国の職業教育拡大政策――背景・実現過程・帰結	劉文君	五〇四八円
中国における大学奨学金制度と評価	王帥	五四〇〇円
中国の高等教育の拡大と教育機会の変容	王傑	三九〇〇円
中国の素質教育と教育機会の平等――都市と農村の小学校の事例を手がかりとして	代玉	五八〇〇円
現代中国初中等教育の多様化と教育改革	楠山研	三六〇〇円
グローバル人材育成と国際バカロレア――アジア諸国のIB導入実態	李霞編著	二九〇〇円
文革後中国基礎教育における「主体性」の育成	李霞	二八〇〇円

〒113-0023 東京都文京区向丘1-20-6
TEL 03-3818-5521　FAX03-3818-5514　振替 00110-6-37828
Email tk203444@fsinet.or.jp　URL:http://www.toshindo-pub.com/

※定価：表示価格（本体）＋税

東信堂

書名	著者	価格
才能教育の国際比較——日本、アメリカ、中国	山内乾史編著	三五〇〇円
学生エリート養成プログラム	北垣郁雄編著	三六〇〇円
韓国の才能教育制度——その構造と機能	石川裕之	三八〇〇円
トランスナショナル高等教育の国際比較——留学概念の転換	杉本 均編著	二〇〇〇円
チュートリアルの伝播と変容——イギリスからオーストラリアの大学へ	竹腰千絵	二八〇〇円
［新版］オーストラリア・ニュージーランドの教育——グローバル社会を生き抜く力の育成に向けて	青木麻衣子・佐藤博志編著	三六〇〇円
戦後オーストラリアの高等教育改革研究	杉本和弘	五八〇〇円
オーストラリアのグローバル教育の理論と実践——開発教育研究の継承と新たな展開	木村 裕	三六〇〇円
オーストラリアの教員養成とグローバリズム——多様性と公平性の保証に向けて	本柳とみ子	三六〇〇円
オーストラリア学校経営改革の研究——自律的学校経営とアカウンタビリティ	佐藤博志	三八〇〇円
オーストラリアの言語教育政策——多文化主義における「多様性と」「統一性」の揺らぎと共存	青木麻衣子	三八〇〇円
英国の教育	日英教育学会編	三四〇〇円
イギリスの大学——対位線の転移による質的転換	秦由美子	五八〇〇円
統一ドイツ教育の多様性と質保証——日本への示唆	坂野慎二	二八〇〇円
ドイツ統一・EU統合とグローバリズム——教育の視点からみたその軌跡と課題	木戸 裕	六〇〇〇円
教育における国家原理と市場原理——チリ現代教育史に関する研究	斉藤泰雄	三八〇〇円
中央アジアの教育とグローバリズム	嶺井明子編著	三二〇〇円
インドの無認可学校研究——公教育を支える「影の制度」	小原優貴	三三〇〇円
タイの人権教育政策の理論と実践——人権と伝統的多様な文化との関係	馬場智子	二八〇〇円
バングラデシュ農村の初等教育制度受容	日下部達哉	三六〇〇円
マレーシア青年期女性の進路形成	鴨川明子	四七〇〇円
東アジアにおける留学生移動のパラダイム転換——大学国際化と「英語プログラム」の日韓比較	嶋内佐絵	三六〇〇円

〒113-0023 東京都文京区向丘1-20-6
TEL 03-3818-5521 FAX 03-3818-5514 振替 00110-6-37828
Email: tk203444@fsinet.or.jp URL: http://www.toshindo-pub.com/

※定価：表示価格（本体）+税

東信堂

書名	著者	価格
転換期を読み解く——大学とは何か【第二版】潮木守一 時評・書評集	潮木守一	二六〇〇円
大学再生への具体像	潮木守一	二六〇〇円
リベラル・アーツの源泉を訪ねて	絹川正吉	三二〇〇円
「大学の死」、そして復活	絹川正吉	二八〇〇円
大学教育の思想——学士課程教育のデザイン	絹川正吉	二三〇〇円
大学教育の在り方を問う	絹川正吉	二四〇〇円
北大 教養教育のすべて	山田宣夫 編著者	三〇〇〇円
大学教養教育のすべて エクセレンスの共有を目指して	小笠原正明 安藤厚 編著者 細川敏幸	三七〇〇円
検証 国立大学法人化と大学の責任——その制定過程と大学自立への構想	田中弘允 佐藤博明 著 田原博人	四二〇〇円
国立大学法人の人事システム——管理職への昇進と能力開発	渡辺恵子	四二〇〇円
国立大学・法人化の行方——自立と格差のはざまで	大崎仁	二六〇〇円
教育と比較の眼	天野郁夫	三六〇〇円
大学は社会の希望か——大学改革の実態からその先を読む	江原武一	二六〇〇円
転換期日本の大学改革——アメリカとの比較	江原武一	三六〇〇円
大学の管理運営改革——日本の行方と諸外国の動向	江原武一 編著	三六〇〇円
大学経営・政策入門 東京大学 大学経営・政策コース編	杉本均 編著者	二四〇〇円
大学経営とマネジメント	新藤豊久	二五〇〇円
大学戦略経営の核心	篠田道夫	三六〇〇円
戦略経営論	篠田道夫	三四〇〇円
大学戦略経営Ⅲ 大学事例集	篠田道夫	三六〇〇円
中長期計画によるマネジメントの実質化のマネジメント改革	J・J・セリンゴ著 船守美穂訳	三四〇〇円
カレッジ(アン)バウンド——米国高等教育の現状と近未来のパノラマ		
米国高等教育の拡大する個人寄付	福井文威	三六〇〇円
大学の財政と経営	丸山文裕	三二〇〇円
私立大学マネジメント	(社)私立大学連盟編	三〇〇〇円
私立大学の経営と拡大・再編——一九八〇年代後半以降の動態	両角亜希子	四二〇〇円
学長奮闘記——学長変われば大学変えられる	岩田年浩	二〇〇〇円
大学のカリキュラムマネジメント	中留武昭	三二〇〇円
イギリス大学経営人材の養成	高野篤子	二七〇〇円
アメリカ大学管理運営職の養成	高野篤子	三三〇〇円
【新版】大学事務職員のための高等教育システム論——より良い大学経営専門職となるために	山本眞一	二八〇〇円

〒113-0023 東京都文京区向丘1-20-6
TEL 03-3818-5521 FAX03-3818-5514 振替 00110-6-37828
Email tk203444@fsinet.or.jp URL:http://www.toshindo-pub.com/

※定価：表示価格（本体）＋税

東信堂

書名	著者	価格
放送大学に学んで——未来を拓く学びの軌跡	放送大学中国・四国ブロック学習センター編	二〇〇〇円
ソーシャルキャピタルと生涯学習	J・フィールド　矢野裕俊監訳	二五〇〇円
成人教育の社会学——パワー・アート・ライフコース	髙橋満編著	三二〇〇円
NPOの公共性と生涯学習のガバナンス	髙橋満	二八〇〇円
コミュニティワークの教育的実践	髙橋満	二〇〇〇円
学級規模と指導方法の社会学——実態と教育効果	山崎博敏	三二〇〇円
高等専修学校における適応と進路	伊藤秀樹	四六〇〇円
「夢追い」型進路形成の功罪——高校改革の社会学	荒川葉	二八〇〇円
進路形成に対する「在り方生き方指導」の功罪——後期中等教育のセーフティネット	望月由起	三六〇〇円
教育から職業へのトランジション——若者の就労と進路職業選択の社会学	山内乾史編著	二六〇〇円
教育と不平等の社会理論——再生産論をこえて	小内透	三三〇〇円
マナーと作法の社会学	加野芳正編著	二四〇〇円
マナーと作法の人間学	矢野智司編著	二〇〇〇円
〈シリーズ　日本の教育を問いなおす〉		
拡大する社会格差に挑む教育	西村和雄・大森不二雄・倉元直樹・木村拓也編	二四〇〇円
混迷する評価の時代——教育評価を根底から問う	西村和雄・大森不二雄・倉元直樹・木村拓也編	二四〇〇円
教育における評価とモラル	西村和雄編	二四〇〇円
〈大転換期と教育社会構造：地域社会変革の学習社会論的考察〉		
第1巻　教育社会史——日本とイタリアと	小林甫	七八〇〇円
第2巻　現代的教養I——生活者生涯学習の地域的展開	小林甫	六八〇〇円
現代的教養II——技術者生涯学習の生成と展望	小林甫	六八〇〇円
第3巻　学習力変革——地域自治と社会構築	小林甫	近刊
第4巻　社会共生力——東アジアと成人学習	小林甫	近刊

〒113-0023　東京都文京区向丘1-20-6
TEL 03-3818-5521　FAX 03-3818-5514　振替 00110-6-37828
Email tk203444@fsinet.or.jp　URL:http://www.toshindo-pub.com/

※定価：表示価格（本体）＋税

東信堂

溝上慎一 監修 アクティブラーニング・シリーズ（全7巻）

① アクティブラーニングの技法・授業デザイン　安永 悟 編　一六〇〇円
② アクティブラーニングとしてのPBLと探究的な学習　稲畑 耕一郎 編　一八〇〇円
③ アクティブラーニングの評価　井下 千以子 編　一六〇〇円
④ 高等学校におけるアクティブラーニング：理論編（改訂版）　成田 秀夫 編　一六〇〇円
⑤ 高等学校におけるアクティブラーニング：事例編　溝上 慎一 編　二〇〇〇円
⑥ アクティブラーニングをどう始めるか　成田 秀夫　一六〇〇円
⑦ 失敗事例から学ぶ大学でのアクティブラーニング　亀倉 正彦　二六〇〇円

学びと成長の講話シリーズ

① アクティブラーニング型授業の基本形と生徒の身体性　溝上 慎一　二〇〇〇円
② 学習とパーソナリティ　―「あの子はおとなしいけど成績はいいんですよね」をどう見るか　溝上 慎一　一六〇〇円

大学生白書2018　―今の大学教育では学生を変えられない　溝上 慎一　二八〇〇円
アクティブラーニングと教授学習パラダイムの転換　―全国大学調査からみえてきた日本の大学教育　河合塾 編著　三八〇〇円
グローバル社会における日本の大学教育　―全国大学調査からみえてきた現状と課題　河合塾 編著　三二〇〇円
大学のアクティブラーニング　―学科調査報告とカリキュラム設計の課題　河合塾 編著　二八〇〇円
「学び」の質を保証するアクティブラーニング　―3年間の全国大学調査から　河合塾 編著　二〇〇〇円
「深い学び」につながるアクティブラーニング　―全国大学の学科調査報告とカリキュラム設計の課題　河合塾 編著　二八〇〇円
アクティブラーニングでなぜ学生が成長するのか　―経済系・工学系の全国大学調査からみえてきたこと　河合塾 編著　二〇〇〇円
附属新潟中式「3つの重点」を生かした確かな学びを促す授業　―教科独自の眼鏡を育むことが「主体的・対話的で深い学び」の鍵となる！　新潟大学教育学部附属新潟中学校 編著　二〇〇〇円
社会に通用する持続可能なアクティブラーニング　―ICEモデルが大学と社会をつなぐ　土持ゲーリー法一　二〇〇〇円
ポートフォリオが日本の大学を変える　―ティーチング・ポートフォリオの活用　土持ゲーリー法一　二五〇〇円
ティーチング・ポートフォリオ　―授業改善の秘訣　土持ゲーリー法一　二〇〇〇円
ラーニング・ポートフォリオ　―学習改善の秘訣　土持ゲーリー法一　二五〇〇円

〒113-0023　東京都文京区向丘1-20-6　TEL 03-3818-5521　FAX 03-3818-5514　振替 00110-6-37828
Email tk203444@fsinet.or.jp　URL:http://www.toshindo-pub.com/

※定価：表示価格（本体）＋税